Sharon D. Williams
Alexander Garcia

Kwantowe światy: Rewolucja obliczeniowa i jej wpływ na naszą przyszłość

bup

Sharon D. Williams
Alexander Garcia

Kwantowe światy: Rewolucja obliczeniowa i jej wpływ na naszą przyszłość

ISBN: 978-3-68904-360-5 (Paperback)

Wydanie pierwsze
Kwiecień 2024 r.
Wersja 1.0
Wydrukowano w Unii Europejskiej
bup@bremenuniversitypress.com
www.bremenuniversitypress.com

Sharon D. Williams
Alexander Garcia

Kwantowe światy: Rewolucja obliczeniowa i jej wpływ na naszą przyszłość

Przegląd

Spis treści

ROZWÓJ KOMPUTERÓW KWANTOWYCH 59

ROZWÓJ PIERWSZYCH ALGORYTMÓW KWANTOWYCH 69

ROZWÓJ SPRZĘTU KWANTOWEGO 72

KOMUNIKACJA KWANTOWA I KRYPTOGRAFIA 86

OBSZARY ZASTOSOWAŃ KOMPUTERÓW KWANTOWYCH 101

PRZYSZŁOŚĆ KOMPUTERÓW KWANTOWYCH 114

Wprowadzenie

Komputery kwantowe są na ustach wszystkich z kilku powodów.

Stanowią one znaczący postęp w sposobie myślenia o przetwarzaniu danych i technologii komputerowej oraz obiecują przełom w wielu dziedzinach nauki i przemysłu. W przeciwieństwie do przeszłości, nie są one już tylko domeną wysoko wyspecjalizowanych badaczy i naukowców. Ze względu na spodziewane zastosowania, które mogą mieć ogromny wpływ na wiele dziedzin życia każdego z nas, nadszedł czas, aby napisać ogólnie zrozumiałą pracę na ten temat. Komputery kwantowe dotyczą nas wszystkich.

Jednym z głównych powodów dużego zainteresowania komputerami kwantowymi jest ich teoretyczna zdolność do rozwiązywania problemów, które są praktycznie nierozwiązywalne dla konwencjonalnych komputerów. Obejmuje to złożone symulacje w fizyce, chemii i materiałoznawstwie, ulepszanie algorytmów sztucznej inteligencji, optymalizację dużych systemów, na przykład w modelach logistycznych lub finansowych, a także możliwość złamania istniejących technik szyfrowania. Kolejnym przykładem ogromnego potencjału komputerów kwantowych jest możliwość szybszego odkrywania i opracowywania nowych leków poprzez bardziej precyzyjną symulację interakcji molekularnych.

Wreszcie, podstawa komputerów kwantowych - mechanika kwantowa - jest fascynująca ze względu na swoją nieintuicyjność i wyzwanie dla naszego zrozumienia praw natury. Mechanika kwantowa, jeden z filarów współczesnej fizyki, zaprzecza wielu aspektom opisowej fizyki klasycznej, co prowadzi do mieszanki fascynacji i wyobcowania. Zastosowanie jej zasad w technologii, która może potencjalnie zmienić nasze społeczeństwo, wzbudza zatem zainteresowanie nie tylko ekspertów, ale także ogółu społeczeństwa.

Podsumowując, to właśnie przełomowe możliwości, wyzwania technologiczne i głębokie pytania naukowe sprawiają, że komputery kwantowe są w centrum zainteresowania.

Pomysł, że komputery kwantowe są już w stanie wykonywać operacje arytmetyczne, które zajęłyby najpotężniejszym konwencjonalnym komputerom tysiące lat, stanowi punkt zwrotny w świecie przetwarzania informacji. Ta przewaga wydajnościowa, którą pierwsze komputery kwantowe zademonstrowały już w wyspecjalizowanych zadaniach, podkreśla transformacyjny potencjał technologii kwantowej. Jest to wyraźny sygnał, że znajdujemy się na początku przełomowego rozwoju, który niesie ze sobą zarówno ogromne możliwości, jak i poważne wyzwania.

Przykładowy scenariusz, w którym komputer kwantowy rozwiązuje w ciągu kilku minut zadanie, które klasycznemu superkomputerowi zajęłoby tysiące lat, ilustruje wyjątkową zdolność komputerów kwantowych do rozwiązywania problemów poprzez wykorzystanie zjawisk kwantowych, takich jak superpozycja i splątanie, w sposób niewyobrażalny w klasycznym świecie. Zdolność ta może potencjalnie zrewolucjonizować badania w takich dziedzinach jak materiałoznawstwo, odkrywanie leków, sztuczna inteligencja i wiele innych, oferując zupełnie nowe możliwości modelowania złożonych systemów i rozwiązywania problemów optymalizacyjnych.

Jednocześnie ciągły rozwój komputerów kwantowych rodzi ważne pytania dotyczące bezpieczeństwa istniejących systemów kryptograficznych, które stanowią podstawę bezpieczeństwa cyfrowego na całym świecie. Możliwość naruszenia ustalonych metod szyfrowania wymaga proaktywnej rewizji protokołów bezpieczeństwa i opracowania nowych podejść kryptograficznych, które są odporne na ataki kwantowe.

Podjęcie tematu obliczeń kwantowych jest zatem ważne nie tylko dla naukowców, technologów i podmiotów przemysłowych, ale także dla polityków, ekspertów ds. bezpieczeństwa i ostatecznie dla całego społeczeństwa. Edukacja i świadomość społeczna odgrywają ważną rolę w zrozumieniu możliwości i zagrożeń związanych z tą technologią oraz podejmowaniu świadomych decyzji dotyczących jej rozwoju i zastosowania.

Jesteśmy na początku ery, w której technologie kwantowe mogą fundamentalnie zmienić nasz świat. Kluczowe jest, abyśmy wyruszyli w tę podróż z głębokim zrozumieniem samej technologii i jasnym spojrzeniem na jej potencjalny wpływ. Rozwój i wdrażanie technologii kwantowych wymagało starannego rozważenia aspektów etycznych, społecznych i bezpieczeństwa, aby zapewnić, że ta rewolucyjna technologia zostanie wykorzystana z korzyścią dla ludzkości.

Komputery kwantowe stanowią rewolucyjny sposób przetwarzania informacji, który zasadniczo różni się od komputerów klasycznych. Ich koncepcja opiera się na zasadach mechaniki kwantowej, teorii opisującej zachowanie materii i energii w najmniejszych skalach wszechświata. W przeciwieństwie do klasycznych komputerów, które przetwarzają dane w postaci bitów, które mogą przyjmować stan 0 lub 1, komputery kwantowe wykorzystują bity kwantowe lub qubity. Kubit może istnieć nie tylko w stanie 0 lub 1, ale także w superpozycji obu stanów, znanej jako superpozycja. Zdolność ta pozwala komputerom kwantowym reprezentować i przetwarzać ogromną liczbę możliwych stanów jednocześnie.

Kolejną fundamentalną zasadą obliczeń kwantowych jest splątanie, zjawisko, w którym kubity są połączone ze sobą w taki sposób, że stan jednego kubitu może natychmiast wpłynąć na stan innego, niezależnie od odległości między nimi. Umożliwia to rodzaj przetwarzania równoległego, który jest nieosiągalny w systemach klasycznych.

Właściwości te oznaczają, że komputery kwantowe mogą potencjalnie wykonywać niektóre rodzaje obliczeń znacznie szybciej niż ich klasyczne odpowiedniki, w szczególności te obejmujące faktoryzację dużych liczb, symulację systemów kwantowych i niektóre problemy optymalizacyjne.

Wyzwania związane z budową i skalowaniem komputerów kwantowych są jednak znaczne. Kubity są niezwykle podatne na zewnętrzne zakłócenia, zjawisko znane jako dekoherencja, które może zniszczyć ich stany kwantowe. Dlatego też komputery kwantowe wymagają ekstremalnie niskich temperatur i specjalnych osłon, aby mogły działać. Pomimo tych wyzwań, naukowcy czynią stałe postępy i istnieją już działające komputery kwantowe z ograniczoną liczbą kubitów, które są wykorzystywane do specjalistycznych zadań badawczych i zastosowań eksperymentalnych.

Rozwój w dziedzinie obliczeń kwantowych może mieć w dłuższej perspektywie ogromny wpływ na wiele dziedzin, od materiałoznawstwa po farmację i kryptografię. Zdolność do rozwiązywania problemów, które są praktycznie nierozwiązywalne dla konwencjonalnych komputerów, otwiera nowe horyzonty w nauce i technologii. Zanim jednak komputery kwantowe będą gotowe do powszechnego użytku, należy przeprowadzić jeszcze wiele prac badawczo-rozwojowych.

Komputery kwantowe stanowią fundamentalne odejście od tradycyjnych technologii obliczeniowych, wykorzystując zasady mechaniki kwantowej do wykonywania zadań przetwarzania danych, które są albo bardzo czasochłonne, albo praktycznie niemożliwe do wykonania przez klasyczne komputery. Ten nowy typ komputera wykorzystuje bity kwantowe (qubity) zamiast klasycznych bitów do przechowywania i przetwarzania informacji.

Zabieramy Cię w ekscytującą historię i przyszłość komputerów kwantowych, które wkrótce zdefiniują całe nasze życie w sposób, o którym dziś można się tylko domyślać.

Podstawowe pojęcia

Bity kwantowe (qubity)

Sercem komputera kwantowego są kubity. W przeciwieństwie do klasycznych bitów, które istnieją w jednym z dwóch możliwych stanów, 0 lub 1, kubity mogą znajdować się w stanie, który jest superpozycją zarówno 0, jak i 1, dzięki zasadzie superpozycji. Zdolność ta pozwala kubitom przenosić i przetwarzać więcej informacji niż klasyczne bity.

Superpozycja jest stanem, w którym mogą znajdować się kubity i pozwala kubitowi na utrzymywanie różnych prawdopodobieństw dla stanu 0 i 1 w tym samym czasie. Gdy system N kubitów znajduje się w superpozycji, może reprezentować 2^N różnych stanów jednocześnie, co stanowi wykładniczy wzrost zdolności przetwarzania informacji w porównaniu do N klasycznych bitów.

Innym zjawiskiem mechaniki kwantowej wykorzystywanym w komputerach kwantowych jest splątanie. Dwa lub więcej kubitów może istnieć w stanie

9

splątania, w którym stan pojedynczego kubitu bezpośrednio determinuje stan pozostałych kubitów, niezależnie od ich odległości przestrzennej. Splątanie umożliwia złożoną koordynację i jednoczesne obliczenia, które są nieosiągalne w systemach klasycznych.

Komputery kwantowe wykorzystują również zjawisko interferencji kwantowej do kontrolowania prawdopodobieństwa stanów kubitów, eliminując w ten sposób niepożądane wyniki obliczeń i wzmacniając pożądane wyniki.

Funkcjonalność i wyzwania

Komputery kwantowe wykonują obliczenia poprzez manipulowanie kubitami i wykorzystywanie zasad superpozycji i splątania w celu osiągnięcia ogromnej wydajności przetwarzania równoległego. Algorytmy kwantowe zaprojektowane specjalnie w celu wykorzystania tych właściwości mogą rozwiązywać niektóre rodzaje problemów znacznie wydajniej niż najlepsze znane algorytmy dla komputerów klasycznych.

Jedną z największych przeszkód technicznych w rozwoju komputerów kwantowych jest dekoherencja, proces, w którym wrażliwe stany kwantowe kubitów są zakłócane przez ich interakcję z otoczeniem, co prowadzi do utraty informacji kwantowej. Realizacja niezawodnych metod kwantowej korekcji błędów i rozwój stabilnych kubitów, które mogą pozostać w swoim stanie kwantowym przez dłuższy czas, są kluczowymi obszarami badań

Obszary zastosowań i potencjał

Komputery kwantowe oferują obiecujące nowe możliwości w wielu dziedzinach.

Mogą one stanowić wyzwanie dla istniejących systemów szyfrowania, a jednocześnie promować rozwój nowych metod szyfrowania kwantowego.

Symulując cząsteczki i reakcje chemiczne, komputery kwantowe mogłyby dokonać rewolucyjnego postępu w odkrywaniu nowych materiałów i leków.

Mogliby znaleźć bardziej wydajne rozwiązania złożonych problemów optymalizacyjnych w takich obszarach jak logistyka, produkcja i finanse.

Przyszłość komputerów kwantowych jest niezwykle obiecująca, ale stoi przed poważnymi wyzwaniami technicznymi i teoretycznymi. Postępy w technologii kwantowej, rozwój algorytmów kwantowych i pokonanie przeszkód technicznych, takich jak dekoherencja i podatność na błędy, będą miały kluczowe znaczenie dla wykorzystania pełnego potencjału komputerów kwantowych. W dłuższej perspektywie komputery kwantowe mogą nie tylko zmienić istniejące paradygmaty obliczeniowe, ale także otworzyć nowe ścieżki w badaniach i umożliwić niewyobrażalne wcześniej przełomy naukowe.

Krótka historia komputerów kwantowych

Historia obliczeń kwantowych jest zarówno fascynująca, jak i złożona, charakteryzująca się przełomami teoretycznymi i postępami eksperymentalnymi, które razem tworzą fundament tej rewolucyjnej technologii. Oto przegląd niektórych z najważniejszych kamieni milowych na drodze do rozwoju komputerów kwantowych:

Lata osiemdziesiąte XX wieku: podstawy teoretyczne

W 1981 roku Richard Feynman zaproponował, że komputery kwantowe mogą być wykorzystywane do symulacji systemów fizycznych, które są zbyt złożone dla komputerów klasycznych. Feynman zidentyfikował nieodłączną trudność symulacji systemów kwantowych przy użyciu klasycznych środków i argumentował, że konieczne jest nowe podejście oparte na mechanice kwantowej.

W 1982 roku Paul Benioff opisał koncepcję kwantowej maszyny Turinga, teoretycznej podstawy obliczeń kwantowych, która pokazuje, że systemy kwantowe mogą być wykorzystywane do obliczeń.

David Deutsch rozwinął ten pomysł w 1985 roku i zaproponował formalizm kwantowej maszyny Turinga, który położył teoretyczne podwaliny pod komputery kwantowe. Przedstawia również koncepcję uniwersalnego komputera kwantowego, który jest w stanie wykonać dowolną obliczalną funkcję.

1990: Przełom w algorytmach kwantowych

W 1994 roku Peter Shor opracował algorytm Shora nazwany jego imieniem, który pokazuje, że komputer kwantowy może faktoryzować duże liczby znacznie wydajniej niż najlepsze znane algorytmy dla komputerów klasycznych. Przełom ten ma znaczące implikacje dla kryptografii, w szczególności dla bezpieczeństwa wielu systemów szyfrowania.

W 1996 roku Lov Grover opracował algorytm Grovera, który wykonuje wyszukiwanie w nieposortowanej bazie danych czterokrotnie szybciej niż jakikolwiek klasyczny algorytm. Pokazuje to potencjalną wyższość komputerów kwantowych w niektórych zadaniach wyszukiwania.

Lata 2000: Pierwsze komputery kwantowe

Na początku XXI wieku naukowcy zaczęli budować pierwsze komputery kwantowe zdolne do wykonywania prostych algorytmów kwantowych. Te wczesne systemy są wciąż dalekie od praktycznego zastosowania, ale stanowią ważne techniczne kamienie milowe.

Lata 2010: Zbliżamy się do przewagi kwantowej

W 2019 r. firma Google ogłosiła, że jej komputer kwantowy Sycamore osiągnął kwantową supremację, wykonując w 200 sekund określone obliczenia, które zajęłyby najpotężniejszemu superkomputerowi na świecie około 10 000 lat. Ten kamień milowy jest postrzegany jako początek nowej ery w obliczeniach kwantowych, chociaż do praktycznych zastosowań jest jeszcze daleko.

Perspektywy na przyszłość

Obecnie badania koncentrują się przede wszystkim na poprawie stabilności i skalowalności kubitów, opracowywaniu komputerów kwantowych odpornych na błędy i znajdowaniu praktycznych zastosowań dla technologii kwantowych. Rozwój od pierwszych propozycji teoretycznych do demonstracji przewagi kwantowej pokazuje, jak daleko zaszła technologia komputerów kwantowych. Przyszłe osiągnięcia zapowiadają się jeszcze bardziej ekscytująco, z potencjałem do głębokiej zmiany nauki, technologii i społeczeństwa.

Podstawowe zasady technologii komputerów kwantowych

Technologia obliczeń kwantowych opiera się na zasadach mechaniki kwantowej, dziedziny fizyki, która opisuje zachowanie cząstek w najmniejszej możliwej skali. Technologia ta różni się zasadniczo od klasycznej technologii komputerowej, która opiera się na bitach, które mogą przyjmować stan 0 lub 1. W centrum technologii komputerów kwantowych znajdują się bity kwantowe lub kubity, które umożliwiają znacznie bardziej złożone przetwarzanie danych dzięki zasadom superpozycji i splątania.

Superpozycja jest pierwszą kluczową zasadą, która umożliwia kubitom znajdowanie się w stanie odpowiadającym kombinacji 0 i 1. Pozwala to kubitowi na wykonywanie wielu obliczeń jednocześnie. Ta zdolność przetwarzania równoległego potencjalnie znacznie zwiększa szybkość obliczeniową i wydajność komputerów kwantowych w porównaniu z klasycznymi komputerami dla niektórych zadań.

Drugą kluczową zasadą jest splątanie, zjawisko, w którym stan jednego kubitu jest bezpośrednio powiązany ze stanem innego kubitu, niezależnie od odległości między nimi. To głębokie połączenie umożliwia wyjątkowo skoordynowane przetwarzanie danych przez wiele kubitów. Splątane kubity mogą przesyłać informacje w sposób, który nie jest możliwy w

15

przypadku klasycznej komunikacji, co jest szczególnie cenne dla zastosowań w kryptografii kwantowej i sieciach kwantowych.

Inną ważną koncepcją w technologii obliczeń kwantowych jest interferencja kwantowa, która jest wykorzystywana do nakładania prawdopodobieństw stanów kubitów w taki sposób, że niepożądane ścieżki obliczeniowe są anulowane, a pożądane ścieżki są wzmacniane. Ma to kluczowe znaczenie dla opracowania wydajnych algorytmów dla komputerów kwantowych, które mogą rozwiązywać określone zadania, takie jak faktoryzacja dużych liczb, zadanie, w którym komputery kwantowe mają teoretyczną przewagę nad komputerami klasycznymi.

Kolejną kluczową kwestią jest kwantowa korekcja błędów. Stany kwantowe są bardzo podatne na perturbacje pochodzące z ich otoczenia, zjawisko znane jako "dekoherencja". Opracowanie kodów korekcji błędów, które mogą zachować integralność informacji kwantowych w zaszumionym, dekoherentnym środowisku, ma kluczowe znaczenie dla praktycznego wykorzystania komputerów kwantowych.

Wyzwania związane z realizacją praktycznych obliczeń kwantowych są ogromne, w tym przeszkody techniczne w wytwarzaniu i utrzymywaniu stanów wymaganych do obliczeń kwantowych, a także opracowywaniu algorytmów, które w szczególności wykorzystują obliczenia kwantowe. Pomimo tych wyzwań, badania i rozwój technologii obliczeń kwantowych posuwają się naprzód, przynosząc znaczące postępy w materiałoznawstwie, krioinżynierii, algorytmach kwantowych i innych obszarach, które mogą potencjalnie przesunąć granice obliczalności i informacji.

Kubity i ich właściwości

Fascynacja kubitami, czyli bitami kwantowymi, wynika z ich zdolności do przekraczania granic klasycznej technologii komputerowej poprzez wykorzystanie egzotycznych zasad mechaniki kwantowej. W przeciwieństwie do klasycznych bitów, które stanowią podstawę tradycyjnej technologii komputerowej i zawsze przyjmują jeden z dwóch możliwych stanów, 0 lub 1, kubity łamią to binarne ograniczenie i pozwalają na znacznie bogatszą formę przetwarzania danych.

Kluczowym aspektem, który sprawia, że kubity są tak wyjątkowe, jest ich zdolność do superpozycji. Zjawisko to pozwala qubitowi znajdować się w stanie będącym superpozycją zarówno 0, jak i 1. Wyobraźmy sobie, że klasyczny bit może być tylko czerwony lub zielony, podczas gdy qubit może być zarówno czerwony, jak i zielony w różnym stopniu. Ta superpozycja wykładniczo zwiększa ilość informacji, które pojedynczy kubit może przechowywać w porównaniu do klasycznego bitu i pozwala zestawowi kubitów na jednoczesne reprezentowanie ogromnej ilości różnych stanów.

Inną niezwykłą cechą kubitów jest splątanie kwantowe, czyli stan, w którym dwa lub więcej kubitów jest połączonych w taki sposób, że stan pojedynczego kubitu nie może być opisany niezależnie od stanów pozostałych. Wynalazek ten umożliwia przesyłanie informacji między kubitami, nawet jeśli są one przestrzennie oddzielone, co może prowadzić do niezwykle wydajnych procesów obliczeniowych. Splątane kubity mogą działać w skoordynowany sposób, nawet na dużych odległościach, bez bezpośredniej komunikacji między nimi.

Superpozycja i splątanie razem tworzą podstawę dla doskonałych możliwości obliczeniowych komputerów kwantowych. Właściwości te pozwalają komputerom kwantowym na rozwiązywanie złożonych problemów w sposób nieosiągalny dla komputerów klasycznych. Na przykład, mogą one rozwiązywać niektóre problemy matematyczne, takie jak faktoryzacja dużych liczb, znacznie szybciej, co ma istotne implikacje dla kryptografii. Mogą one również zrewolucjonizować opracowywanie nowych leków, umożliwiając symulację interakcji molekularnych na poziomie, który wcześniej był niedostępny.

Pomimo ogromnego potencjału, technologia kubitów wciąż znajduje się na wczesnym etapie rozwoju. Praktyczna realizacja tej technologii stoi przed poważnymi wyzwaniami technicznymi, w tym zwiększeniem stabilności kubitów i ochroną ich przed zewnętrznymi zakłóceniami, które mogłyby wpłynąć na ich wrażliwe stany kwantowe.

Nakładka

Zdolność kubitów do superpozycji jest kamieniem węgielnym, który odróżnia technologię komputerów kwantowych od klasycznej technologii komputerowej i daje jej niezwykły potencjał. Superpozycja umożliwia kubitom znajdowanie się w stanie, który można rozumieć jako kombinację klasycznych stanów 0 i 1. Stany te są opisywane przez mechanikę kwantową, a amplituda stanów wskazuje prawdopodobieństwo znalezienia kubitu w jednym z dwóch klasycznych stanów podczas pomiaru. Matematyczna reprezentacja takiego stanu wykorzystuje liczby zespolone do opisania zarówno amplitudy, jak i fazy tych superpozycji, co skutkuje bogatą strukturą możliwości informacyjnych, która wykracza daleko poza to, co jest możliwe w przypadku zwykłego bitu.

Superpozycja umożliwia komputerom kwantowym pracę równoległą poprzez jednoczesne badanie wielu ścieżek obliczeniowych. W przeciwieństwie do klasycznego komputera, który musi sekwencyjnie przechodzić przez każdą możliwą ścieżkę, komputer kwantowy z n kubitami może teoretycznie badać do 2^n stanów jednocześnie. Taka zdolność przetwarzania równoległego jest szczególnie przydatna w przypadku problemów, w których konieczne jest szybkie przeszukanie dużej liczby możliwych rozwiązań, takich jak optymalizacja, faktoryzacja dużych liczb lub algorytmy wyszukiwania.

Wykładniczy charakter przetwarzania informacji w komputerach kwantowych poprzez superpozycję otwiera rewolucyjne możliwości, ale także stawia praktyczne wyzwania. Aby efektywnie wykorzystać tę moc przetwarzania równoległego, należy opracować specjalne algorytmy kwantowe, które uwzględniają specyfikę mechaniki kwantowej. Prawdopodobnie najbardziej znany algorytm kwantowy, algorytm Shora do faktoryzacji dużych liczb, demonstruje potencjał komputerów kwantowych do rozwiązywania niektórych problemów znacznie wydajniej niż komputery klasyczne.

Realizacja tych potencjałów jest jednak złożona w praktyce. Stany superpozycji są bardzo podatne na zewnętrzne perturbacje, co prowadzi do dekoherencji - utraty stanów mechaniki kwantowej niezbędnych do obliczeń. Opracowanie solidnych systemów kwantowych i utrzymanie spójności w okresach wystarczająco długich do znaczących obliczeń pozostaje jednym z największych wyzwań w technologii obliczeń kwantowych.

Co więcej, wykorzystanie możliwości przetwarzania równoległego zapewnianych przez superpozycję wymaga opracowania nowych paradygmatów programowania i algorytmów. Programowanie kwantowe zasadniczo różni się od programowania klasycznego, ponieważ bezpośrednio wykorzystuje unikalne właściwości kubitów, takie jak superpozycja i splątanie, do rozwiązywania problemów na nowe sposoby.

Uwikłanie

Splątanie kubitów uosabia jedno z najtrudniejszych zjawisk w fizyce kwantowej, które nie tylko podważa nasze rozumienie przestrzeni i czasu, ale także stanowi podstawę przełomowych zastosowań w technologii kwantowej. Albert Einstein ukuł termin "upiorne działanie na odległość", aby wyrazić swój sceptycyzm i fascynację ideą, że dwie lub więcej cząstek może być połączonych w sposób, który wydaje się być niezależny od odległości między nimi. Właściwość ta była sprzeczna z koncepcją Einsteina dotyczącą lokalnej rzeczywistości, w której na obiekty mogą wpływać jedynie bezpośrednie interakcje w ich najbliższym otoczeniu.

W świecie mechaniki kwantowej splątanie pozwala na natychmiastowy wpływ stanu jednego kubitu na stan innego kubitu, niezależnie od tego, jak daleko od siebie się znajdują. Oznacza to, że pomiary na jednym kubicie mogą mieć natychmiastowy wpływ na stan splątanego kubitu, nawet jeśli są one oddalone od siebie o lata świetlne. Ta nielokalna właściwość ma daleko idące implikacje i umożliwia zupełnie nowe podejście do przetwarzania i przesyłania informacji.

Zastosowania splątania kwantowego w technologii komputerów kwantowych i komunikacji są różnorodne i rewolucyjne. Na przykład w kryptografii kwantowej splątanie umożliwia niezwykle bezpieczne metody komunikacji. Tworząc splątane pary kubitów, dwie strony mogą wymieniać się całkowicie bezpiecznym kluczem, ponieważ każda próba podsłuchu zakłóciłaby splątanie, a tym samym zostałaby natychmiast wykryta. Wykorzystuje to nieodłączną niepewność stanów kwantowych w celu zapewnienia bezpieczeństwa komunikacji.

W obliczeniach kwantowych splątanie umożliwia wykonywanie złożonych obliczeń w sposób niewykonalny dla klasycznych komputerów. Projektując algorytmy, które działają na splątanych kubitach, komputery kwantowe mogą potencjalnie wykonywać zadania, takie jak symulowanie cząsteczek lub łamanie szyfrowania, które przerosłyby klasyczne komputery, w drastycznie krótszym czasie.

Pomimo ogromnego potencjału, praktyczna realizacja i utrzymanie stanów splątanych w systemach kwantowych stanowi poważne wyzwanie. Generowanie i manipulowanie splątanymi kubitami wymaga niezwykle precyzyjnej kontroli i ochrony przed wszelkimi formami wpływów środowiskowych, które mogłyby zakłócić wrażliwe stany kwantowe. Badania i rozwój w tej dziedzinie są intensywne i mają na celu opracowanie solidnych systemów kwantowych, które mogą w pełni zrealizować obietnicę splątania kwantowego.

Podstawy splątania

Pozorna rozbieżność między splątaniem kwantowym a teorią względności doprowadziła do dyskusji i badań w fizyce. Teoria względności, sformułowana przez Alberta

Einsteina, stwierdza, że żadna informacja lub efekt nie może podróżować szybciej niż światło. Na pierwszy rzut oka splątanie kwantowe, w którym pomiar jednego kubitu natychmiast określa stan innego, przestrzennie oddzielonego kubitu, może wydawać się naruszeniem tej zasady. Kluczem do zrozumienia, dlaczego nie jest to sprzeczność, jest rodzaj przesyłanej informacji i natura samego splątania.

Podczas splątania między kubitami nie są przesyłane żadne konwencjonalne informacje ani sygnały. Zamiast tego ustanawiana jest korelacja, która staje się widoczna dopiero po wykonaniu i porównaniu pomiarów. Tak więc, gdy mierzymy splątaną parę kubitów, pomiar jednego kubitu natychmiast określa stan drugiego, ale zmiana ta nie może być wykorzystana do przesyłania informacji z prędkością większą niż prędkość światła. Oznacza to, że splątanie nie narusza przyczynowej struktury czasoprzestrzeni opisanej przez teorię względności.

Korelacja między splątanymi kubitami jest wynikiem ich wspólnej historii i rządzących nimi praw mechaniki kwantowej, a nie transferu informacji w klasycznym sensie. Zjawisko to demonstruje nielokalność mechaniki kwantowej, która stwierdza, że części splątanego systemu nie mogą być uważane za całkowicie niezależne od siebie, niezależnie od ich odległości przestrzennej. Jednak ta nielokalność nie stanowi mechanizmu natychmiastowej transmisji rozpoznawalnych informacji, zachowując w ten sposób integralność teorii względności.

Splątanie kwantowe i jego pozorna natychmiastowość nie są zatem sprzeczne z ograniczoną prędkością transmisji informacji zgodnie z teorią względności. Zamiast tego zmuszają nas do ponownego przemyślenia naszych pojęć przyczynowości i separacji we wszechświecie, który jest głęboko scharakteryzowany przez właściwości kwantowe. Ta precyzyjnie dostrojona interakcja między mechaniką kwantową a teorią względności pozostaje fascynującym obszarem badań teoretycznych i eksperymentalnych, które wciąż poszerzają nasze zrozumienie fundamentalnych zasad wszechświata.

Zastosowania splątania

Unikalne właściwości splątania mają wiele zastosowań w kwantowej teorii informacji i technologii.

Kryptografia kwantowa

Protokół BB84, który został wprowadzony przez Charlesa Bennetta i Gillesa Brassarda w 1984 roku, jest kamieniem milowym w kryptografii kwantowej i wyznacza początek nowej ery w bezpiecznej komunikacji.

Chociaż sam protokół BB84 nie jest bezpośrednio oparty na splątaniu kwantowym, ale na zasadach mechaniki kwantowej, w szczególności nieokreśloności, istnieją powiązane protokoły, które wykorzystują splątanie w celu dalszego zwiększenia bezpieczeństwa. Podstawową zasadą stojącą za BB84 i powiązanymi protokołami jest wykorzystanie unikalnych właściwości kwantowych do generowania i weryfikacji bezpiecznego klucza, który może być następnie wykorzystany do szyfrowania wiadomości.

W protokole BB84 nadawca, często nazywany Alicją, wysyła serię kubitów do odbiorcy, Boba, z każdym kubitem w jednym z czterech możliwych stanów. Stany te reprezentują dwie różne bazy (na przykład polaryzację fotonów), a kubity są wysyłane w losowo wybranej bazie. Bob również mierzy każdy przychodzący kubit w losowo wybranej bazie. Po przesłaniu wszystkich kubitów, Alicja i Bob publicznie udostępniają bazy, w których zostały one odpowiednio wysłane i zmierzone, bez ujawniania wyników pomiarów. Kubity, których bazy pasują do siebie, są używane do wygenerowania klucza, podczas gdy pozostałe są odrzucane.

Bezpieczeństwo protokołu opiera się na dwóch ważnych zasadach kwantowych. Po pierwsze, zasada nieoznaczoności Heisenberga mówi, że proces pomiaru stanu kwantowego nieuchronnie zakłóca go, jeśli stan nie jest mierzony we właściwej bazie. Po drugie, twierdzenie mechaniki kwantowej o braku klonowania zabrania tworzenia dokładnych kopii nieznanych stanów kwantowych. Te właściwości zapewniają, że każda próba podsłuchania wymiany kluczy przez podsłuchiwacza nieuchronnie pozostawi ślad, wpływając na wyniki pomiarów Alicji i Boba. Porównując podzbiór swoich wyników pomiarów, Alice i Bob mogą określić, czy bezpieczeństwo jest gwarantowane. Jeśli poziom błędu jest poniżej pewnego progu, mogą założyć, że wymiana była bezpieczna; w przeciwnym razie muszą założyć, że klucz został naruszony i proces musi zostać powtórzony.

Podczas gdy BB84 i jego pochodne zapewniają już wysoki poziom bezpieczeństwa, protokoły oparte na splątaniu kwantowym, takie jak protokół Ekerta (E91), rozszerzają funkcje bezpieczeństwa poprzez wykorzystanie splątanych par kubitów. W tym przypadku każda próba podsłuchu nie tylko skutkuje zakłóceniem, które można wykryć, ale samo splątanie stanowi jeszcze silniejszą podstawę bezpieczeństwa, ponieważ korelacje między splątanymi kubitami są wykorzystywane do generowania kluczy i weryfikacji.

Te postępy w kryptografii kwantowej obiecują niemal niemożliwe do złamania zabezpieczenia, ponieważ opierają się na podstawowych prawach fizyki, a nie tylko na złożoności problemów matematycznych. Ciągły rozwój i wdrażanie tych technologii może zasadniczo zmienić przyszłość bezpiecznej komunikacji.

Obliczenia kwantowe

Splątanie odgrywa kluczową rolę w niezwykłej wydajności komputerów kwantowych, umożliwiając koordynację stanów i operacji na wielu kubitach, co prowadzi do wykładniczego wzrostu wydajności przetwarzania informacji w porównaniu z komputerami klasycznymi. Zdolność ta jest szczególnie ważna dla implementacji zaawansowanych algorytmów kwantowych, takich jak algorytm Shora do faktoryzacji dużych liczb i algorytm Grovera do wydajnego przeszukiwania baz danych.

Algorytm Shora jest prawdopodobnie najbardziej znanym przykładem przewagi komputerów kwantowych w określonych zadaniach. Tradycyjne algorytmy faktoryzacji dużych liczb, zadanie krytyczne dla bezpieczeństwa wielu współczesnych systemów kryptograficznych, wymagają wykładniczo więcej czasu obliczeniowego wraz ze wzrostem rozmiaru liczb. Jednak algorytm kwantowy Shora może faktoryzować te liczby w czasie wielomianowym, co oznacza, że wymaga tylko umiarkowanie więcej zasobów obliczeniowych wraz ze wzrostem długości liczby. Ten wzrost wydajności mógłby teoretycznie zagrozić bezpieczeństwu większości obecnych systemów szyfrowania, ponieważ opierają się one na trudnościach w faktoryzacji dużych liczb.

Z drugiej strony, algorytm Grovera oferuje cztero-krotną przewagę szybkości wyszukiwania w nieposor-towanych bazach danych. Podczas gdy klasyczny algo-rytm musi przeszukać średnio połowę wszystkich wpisów, zanim znajdzie pożądany wpis, algorytm Gro-vera zmniejsza liczbę niezbędnych kroków wyszuki-wania do pierwiastka kwadratowego z całkowitej liczby wpisów. Oznacza to, że w przypadku bazy danych zawierającej milion wpisów potrzebnych jest tylko około 1000 operacji wyszukiwania zamiast 500 000. Chociaż ta zaleta nie jest tak dramatyczna, jak w przypadku algorytmu Shora do faktoryzacji, może mieć znaczący wpływ na niektóre zastosowania, takie jak kryptografia i rozwiązywanie niektórych prob-lemów optymalizacyjnych.

Wdrożenie tych algorytmów na komputerze kwan-towym wymaga starannej kontroli splątania między kubitami. Splątanie pozwala kubitom na interakcję w spójnym stanie, co jest niezbędne do równoległego wy-konywania obliczeń w wykładniczo wielu stanach. Ta zdolność przetwarzania równoległego jest kluczem do przewagi komputerów kwantowych w niektórych zadaniach.

Pomimo imponującego potencjału tych algorytmów, praktyczne wyzwania związane z realizacją potężnych komputerów kwantowych są znaczne. Obejmują one generowanie i utrzymywanie splątania na dużej liczbie kubitów, minimalizowanie błędów poprzez dekoherencję kwantową oraz ogólny problem skalowalności systemów kwantowych. Badania w tych obszarach są jednak bardzo aktywne, a postęp w rozwoju mechanizmów korekcji błędów i produkcji bardziej stabilnych kubitów daje nadzieję, że komputery kwantowe, które mogą skutecznie korzystać z tych algorytmów, zostaną zrealizowane w przyszłości.

Teleportacja kwantowa

Teleportacja kwantowa to fascynujące zjawisko, które wynika bezpośrednio z unikalnych właściwości splątania kwantowego i ma potencjał, aby zasadniczo zmienić sposób przesyłania informacji. W swej istocie teleportacja kwantowa pozwala na przeniesienie stanu kwantowego jednego kubitu do innego kubitu na dowolną odległość bez konieczności fizycznego transferu samego kubitu lub jego indywidualnych właściwości. Koncepcja ta może początkowo brzmieć jak science fiction, ale opiera się na solidnych zasadach fizycznych i została już zademonstrowana eksperymentalnie.

Procedura teleportacji kwantowej rozpoczyna się od pary splątanych kubitów, które są podzielone między dwie strony, często nazywane Alice i Bob. Alicja ma jeszcze jeden kubit, którego stan chce przenieść do Boba.

Aby wykonać teleportację, Alicja wykonuje specjalny pomiar na swoim kubicie i swojej części splątanej pary. Pomiar ten zmienia stan jej splątanego kubitu w sposób, który zależy od stanu kubitu, który ma zostać teleportowany, nawet jeśli te dwa kubity nigdy bezpośrednio ze sobą nie oddziaływały.

Kluczowym elementem jest tutaj fakt, że pomiar Alicji wpływa również na stan kubitu Boba, dzięki magicznemu połączeniu stworzonemu przez splątanie. Jednak w tym momencie Bob nie wie jeszcze, w jakim stanie znajduje się jego kubit. Aby dokładnie zrekonstruować oryginalny stan kubitu Alicji, Alicja musi przekazać mu wynik swojego pomiaru za pośrednictwem klasycznego kanału komunikacyjnego. Mając te informacje, Bob może następnie wykonać serię operacji na swoim kubicie, aby odtworzyć dokładny stan oryginalnego kubitu Alicji.

Należy podkreślić, że w teleportacji kwantowej żadna informacja nie jest przesyłana szybciej niż światło. Konieczność przesłania wyniku pomiaru kanałem klasycznym sprawia, że teleportacja kwantowa nie narusza teorii względności. Co więcej, żadna materia ani energia nie jest przesyłana w ścisłym tego słowa znaczeniu; zamiast tego przesyłany jest stan kubitu, który jest bardziej subtelną formą transferu informacji.

Teleportacja kwantowa ma istotne implikacje dla rozwoju sieci kwantowych i komunikacji kwantowej. Umożliwia bezpieczną transmisję informacji kwantowych na duże odległości i jest kluczową koncepcją dla realizacji kwantowego Internetu, w którym informacje oparte są na stanach kwantowych, a tym samym mogą osiągnąć nowy poziom bezpieczeństwa i wydajności. Ponadto teleportacja kwantowa może być wykorzystywana w przyszłych kwantowych systemach obliczeniowych do przesyłania informacji kwantowych między różnymi częściami komputera kwantowego lub nawet między różnymi komputerami kwantowymi, co może znacznie przyspieszyć rozwój skalowalnych kwantowych systemów obliczeniowych i złożonych sieci kwantowych.

Problemy splątania

Praktyczne wykorzystanie splątania kwantowego wciąż stoi przed wieloma wyzwaniami. Generowanie i utrzymywanie stanów splątanych jest technicznie wymagające, ponieważ kubity są niezwykle podatne na dekoherencję z powodu wpływów środowiskowych. Rozwój technologii umożliwiających utrzymywanie stabilnych stanów splątania przez dłuższy czas i na większych odległościach jest aktywnym obszarem badań.

Koherencja i dekoherencja

Pojęcia koherencji i dekoherencji mają kluczowe znaczenie dla zrozumienia i rozwoju technologii obliczeń kwantowych. Dotyczą one stabilności stanów kwantowych, które są niezbędne do realizacji obliczeń w komputerach kwantowych.

Spójność

Koherencja w świecie kwantowym jest centralną koncepcją, która opisuje fundamentalną zdolność systemów kwantowych do znajdowania się w dobrze zdefiniowanym stanie superpozycji lub splątania i utrzymywania tego stanu w czasie.

Zdolność ta jest niezbędna do funkcjonowania komputerów kwantowych, ponieważ stanowi podstawę do wykonywania obliczeń kwantowych. Czas koherencji określa krytyczne okno czasowe, w którym informacje kwantowe mogą być przetwarzane, zanim nieuniknione interakcje z otoczeniem - proces znany jako dekoherencja - zakłócą stany kwantowe w takim stopniu, że utracą one swoje kwantowe właściwości mechaniczne.

Osiągnięcie dłuższych czasów koherencji jest jednym z najważniejszych priorytetów badawczych w rozwoju komputerów kwantowych, ponieważ mają one bezpośredni wpływ na wydajność i praktyczność tych systemów. Im dłuższy czas koherencji kubitu, tym teoretycznie więcej operacji można na nim wykonać, zanim dekoherencja sprawi, że obliczenia staną się niewiarygodne. Umożliwia to tworzenie bardziej złożonych algorytmów i rozwiązywanie bardziej wymagających problemów. Aby wydłużyć czas koherencji, naukowcy badają różne podejścia, takie jak poprawa fizycznej izolacji kubitów, opracowywanie kubitów, które są mniej podatne na wpływy środowiska i stosowanie zaawansowanych technik korekcji błędów, które mogą kompensować skutki dekoherencji.

Co więcej, czas koherencji jest kluczowym czynnikiem dla skalowalności komputerów kwantowych. W praktycznych zastosowaniach systemy kwantowe muszą być w stanie przetwarzać tysiące, a nawet miliony kubitów, zachowując przy tym wystarczający czas koherencji do wykonywania znaczących obliczeń. Wymaga to postępów nie tylko w materiałoznawstwie i technologii kwantowej, ale także w fizyce teoretycznej i algorytmice, aby opracować skuteczne metody wykorzystania i ochrony koherencji w złożonych systemach kwantowych.

Dekoherencja

Dekoherencja jest jedną z największych przeszkód w rozwoju i skalowaniu komputerów kwantowych. Jest to fundamentalne wyzwanie, ponieważ bezpośrednio wpływa na zdolność komputerów kwantowych do przechowywania i przetwarzania informacji. Proces dekoherencji powoduje, że stany kwantowe kubitów "łączą się" z ich otoczeniem, co skutkuje utratą charakterystycznych właściwości kwantowych, takich jak superpozycja i splątanie. W praktyce oznacza to, że kubity nie mogą utrzymać swojego stanu wystarczająco długo, aby wykonywać złożone obliczenia przed degradacją do stanu klasycznego, w którym działają jak konwencjonalne bity.

Interakcje prowadzące do dekoherencji mogą mieć różnorodny charakter, w tym wpływy termiczne, elektromagnetyczne, a nawet kosmiczne. Każda interakcja ze środowiskiem zewnętrznym, bez względu na to, jak mała, może wystarczyć do zakłócenia kruchej superpozycji kwantowej kubitu. Dlatego utrzymanie spójności kwantowej wymaga niezwykle kontrolowanych warunków środowiskowych, takich jak głębokie zimno bliskie zeru absolutnemu i stosowanie osłon przed promieniowaniem elektromagnetycznym.

Badania w dziedzinie technologii obliczeń kwantowych koncentrują się na znalezieniu sposobów na zminimalizowanie dekoherencji i wydłużenie czasu koherencji kubitów. Jednym z podejść jest opracowanie kubitów, które są z natury bardziej odporne na dekoherencję. Obejmuje to na przykład topologiczne kubity, które opierają się na zasadach topologicznych obliczeń kwantowych i są teoretycznie bardziej stabilne w przypadku lokalnych zakłóceń. Innym podejściem jest zastosowanie dynamicznych metod korekcji i kodów korekcji błędów, które umożliwiają rozpoznawanie i korygowanie błędów spowodowanych dekoherencją bez pomiaru lub zakłócania samej informacji kwantowej.

Kontrola dekoherencji

Kontrolowanie lub minimalizowanie dekoherencji jest głównym wyzwaniem technicznym w technologii obliczeń kwantowych. Naukowcy i inżynierowie opracowują różne strategie, aby wydłużyć czas koherencji kubitów i zminimalizować efekty dekoherencji:

Izolacja kubitów

Minimalizacja interakcji między kubitami a ich otoczeniem ma kluczowe znaczenie dla opóźnienia dekoherencji i poprawy wydajności komputerów kwantowych. Różne rozwiązania technologiczne i zaawansowane techniki są stosowane w celu zminimalizowania zewnętrznych perturbacji, które prowadzą do dekoherencji. Oto niektóre z najważniejszych metod stosowanych w technologii obliczeń kwantowych:

- Komory próżniowe: Komory próżniowe odgrywają ważną rolę w zmniejszaniu dekoherencji poprzez usuwanie powietrza i innych gazów, które mogłyby wchodzić w interakcje z kubitami. Tworząc środowisko prawie wolne od cząstek, prawdopodobieństwo zderzeń między kubitami a cząsteczkami powietrza jest zmniejszone, co skutkuje bardziej stabilnym środowiskiem kwantowym. Jest to szczególnie ważne dla eksperymentów i komputerów kwantowych, które opierają się na systemach takich jak kubity oparte na pułapkach jonowych, w których naładowane cząstki służą jako kubity.

• Chłodzenie kriogeniczne: Chłodzenie kriogeniczne to kolejna kluczowa technologia opóźniania dekoherencji. Wiele kwantowych systemów obliczeniowych, zwłaszcza tych opartych na nadprzewodzących kubitach, wymaga ekstremalnie niskich temperatur, często zaledwie kilku milikelwinów powyżej zera absolutnego. W takich temperaturach prawie cała aktywność termiczna jest znacznie zmniejszona, co minimalizuje interakcję kubitów z ich otoczeniem i wydłuża czas koherencji. Chłodzenie pomaga również zmniejszyć wzbudzenie termiczne samych kubitów, które jest kolejnym potencjalnym źródłem dekoherencji.

• Ekranowanie: Ekranowanie przed promieniowaniem elektromagnetycznym ma kluczowe znaczenie dla zminimalizowania zewnętrznych zakłóceń, które mogłyby zakłócić stany kwantowe kubitów. Obejmuje to ochronę przed promieniowaniem o częstotliwości radiowej, polami magnetycznymi, a nawet promieniami kosmicznymi. Stosując materiały pochłaniające lub odbijające fale elektromagnetyczne, naukowcy mogą zachować integralność informacji kwantowej w kubitach.

• Oprócz fizycznych technik ekranowania, naukowcy opracowują również zaawansowane kody korekcji błędów i techniki dynamicznego anulowania dekoherencji. Metody te mają na celu skorygowanie lub skompensowanie skutków dekoherencji nawet w przypadku jej wystąpienia. Stosując złożone algorytmy, komputery kwantowe mogą rozpoznawać i korygować potencjalne błędy bez niszczenia samej informacji kwantowej.

- Opracowanie nowych systemów kubitów: Wreszcie, trwają prace nad opracowaniem nowych typów kubitów, które są naturalnie mniej podatne na dekoherencję. Mogłoby to zmniejszyć potrzebę niezwykle rygorystycznych kontroli środowiskowych i ułatwić praktyczne zastosowanie komputerów kwantowych.

Te metody i technologie są ważne dla rozwoju technologii obliczeń kwantowych i przezwyciężenia wyzwań związanych z dekoherencją. Poprzez ciągłe doskonalenie tych technik i opracowywanie nowych podejść do kontrolowania środowiska kwantowego, naukowcy starają się przesuwać granice tego, co jest możliwe dzięki komputerom kwantowym.

Korekcja błędów i tolerancja błędów

Rozwój kwantowych kodów korekcji błędów i algorytmów odpornych na błędy stanowi decydujący postęp w technologii komputerów kwantowych. Podejścia te umożliwiają komputerom kwantowym wykonywanie poprawnych obliczeń pomimo nieuniknionej dekoherencji i innych źródeł błędów. Kwantowe kody korekcji błędów działają poprzez dystrybucję informacji kwantowej na wiele kubitów, dzięki czemu nawet jeśli niektóre kubity są dotknięte dekoherencją lub innymi perturbacjami, oryginalna informacja może zostać odtworzona z pozostałych, wolnych od błędów kubitów.

- Kwantowa korekcja błędów: Podstawowa idea kwantowej korekcji błędów jest podobna do klasycznej korekcji błędów, ale jest znacznie bardziej złożona ze względu na kwantową naturę informacji - taką jak superpozycja i splątanie. Kody kwantowej korekcji błędów wykorzystują splątanie do dystrybucji stanów kwantowych w grupie kubitów w taki sposób, że błędy wpływające na pojedynczy kubit lub małą grupę kubitów mogą być wykrywane i korygowane bez pomiaru samej informacji kwantowej. Pozwala to uniknąć destrukcyjnych skutków dekoherencji, ponieważ informacje nie są przechowywane w poszczególnych kubitach, ale w ich stanie zbiorowym.

- Algorytmy odporne na błędy: Algorytmy kwantowe odporne na błędy to takie, które są zaprojektowane tak, aby działać poprawnie nawet w obecności błędów spowodowanych niedoskonałością kubitów i operacji. Algorytmy te są zaprojektowane tak, aby skutecznie wykorzystywać poprawki zapewniane przez kody korekcji błędów w celu zapewnienia, że obliczenia dają wiarygodne wyniki.

- Wymagania dotyczące zasobów: Wdrożenie kwantowej korekcji błędów i algorytmów odpornych na błędy wymaga znacznego zwiększenia liczby kubitów w komputerze kwantowym. Dla każdego logicznego kubitu używanego do obliczeń, mogą być wymagane dziesiątki lub nawet setki fizycznych kubitów, aby zapewnić niezbędną redundancję dla skutecznej korekcji błędów. Wymóg ten stanowi poważne wyzwanie techniczne, ponieważ potęguje już istniejące trudności w skalowaniu kwantowych systemów obliczeniowych i utrzymywaniu spójności dużej liczby kubitów.

Pomimo wyzwań, kwantowa korekcja błędów i algorytmy odporne na błędy oferują wykonalny sposób na umożliwienie niezawodnych obliczeń kwantowych i dlatego są aktywnym obszarem badań. Ciągła poprawa jakości kubitów, zwiększanie czasu koherencji i opracowywanie bardziej wydajnych kodów korekcji błędów może pomóc w zmniejszeniu wymaganej liczby fizycznych kubitów i urzeczywistnieniu wykonalnych, odpornych na błędy komputerów kwantowych.

Dynamiczne tłumienie dekoherencji

Dynamiczne tłumienie dekoherencji (DDS) stanowi zaawansowaną strategię zwalczania dekoherencji w systemach kwantowych. Technika ta polega na wykorzystaniu specjalnie zaprojektowanych sekwencji kontrolnych w celu zminimalizowania negatywnego wpływu perturbacji środowiskowych na spójność kubitów. DDS ma na celu aktywne wydłużenie czasu koherencji kubitów poprzez wyeliminowanie zewnętrznych i wewnętrznych perturbacji, które prowadzą do dekoherencji. Dzięki temu kubity mogą utrzymywać swoje stany mechaniki kwantowej przez dłuższy czas, co ma kluczowe znaczenie dla wykonywania złożonych obliczeń kwantowych.

- Podstawowe zasady dynamicznego tłumienia dekoherencji: Dynamiczne tłumienie dekoherencji opiera się na precyzyjnej manipulacji kubitami za pomocą sekwencji impulsów sterujących. Impulsy te są zaprojektowane do wykrywania i neutralizowania określonych rodzajów perturbacji działających na kubit. Sekwencje kontrolne działają jak system stabilizacji, który chroni kubity przed "wstrząsami" ze świata zewnętrznego.

- Implementacja: Implementacja DDS wymaga dogłębnego zrozumienia konkretnych mechanizmów, które prowadzą do dekoherencji w danym układzie kwantowym. Obejmuje to wiedzę na temat rodzajów perturbacji, ich częstotliwości i amplitud. Dzięki tym informacjom naukowcy mogą opracować niestandardowe sekwencje kontrolne, które konkretnie przeciwdziałają tym perturbacjom. Sekwencje te mogą składać się z różnych operacji fizycznych, takich jak impulsy elektromagnetyczne, które są kierowane na kubity w celu skorygowania ich stanów w czasie i utrzymania ich stabilności.

Chociaż dynamiczne tłumienie dekoherencji jest o-biecującym podejściem, stanowi ono również wyzwanie. Opracowanie skutecznych sekwencji kontrolnych wymaga dokładnej znajomości specyfiki dynamiki systemu kwantowego i interakcji z jego otoczeniem. Ponadto impulsy sterujące muszą być stosowane z dużą precyzją, aby uniknąć niepożądanych perturbacji, które mogłyby wprowadzić dodatkowe błędy do systemu. Wymaga to zaawansowanych technik eksperymentalnych i zdolności do manipulowania systemami kwantowymi z niezwykłą dokładnością.

Pomimo wyzwań technicznych, dynamiczne anulowanie dekoherencji oferuje obiecujący sposób na poprawę wydajności komputerów kwantowych. Wydłużając czas koherencji, otwiera możliwość uruchamiania bardziej złożonych algorytmów i przesuwania granic tego, co można osiągnąć dzięki technologii kwantowej. Dalsze badania i rozwój w tej dziedzinie mogą prowadzić do jeszcze skuteczniejszych metod tłumienia dekoherencji i wnieść istotny wkład w realizację praktycznych komputerów kwantowych.

Znaczenie dla technologii komputerów kwantowych

Trwające prace badawcze nad technologią obliczeń kwantowych mają na celu przezwyciężenie wyzwań związanych z zachowaniem koherencji i kontrolą

41

dekoherencji, aby położyć podwaliny pod praktyczne systemy kwantowe. Zdolność do utrzymywania stabilnych stanów kwantowych przez długi czas ma kluczowe znaczenie, ponieważ bezpośrednio wpływa na złożoność i charakter problemów, które można rozwiązać za pomocą komputerów kwantowych. Postępy w tych obszarach mogą umożliwić komputerom kwantowym rozwiązywanie zadań, które są niepraktyczne lub niemożliwe dla klasycznych komputerów ze względu na ograniczenia czasu obliczeniowego lub zasobów.

- Materiałoznawstwo: Kluczowy aspekt badań koncentruje się na rozwoju nowych materiałów i konstrukcji kubitów, które są z natury bardziej odporne na wpływy środowiska, a tym samym umożliwiają dłuższe czasy koherencji. Odkrycie i zastosowanie materiałów, które mogą działać w wyższych temperaturach lub w mniej restrykcyjnych warunkach, może znacznie obniżyć koszty operacyjne i złożoność kwantowych systemów obliczeniowych.
- Korekcja błędów i odporność na błędy: Ulepszanie i wdrażanie kwantowych kodów korekcji błędów i algorytmów odpornych na błędy jest kolejnym kluczowym obszarem badań. Techniki te umożliwiają wykrywanie i korygowanie błędów spowodowanych nieuniknionymi procesami dekoherencji, zwiększając tym samym niezawodność obliczeń kwantowych.

Opracowanie bardziej wydajnych metod korekcji błędów mogłoby zmniejszyć liczbę fizycznych kubitów wymaganych na logiczny kubit i poprawić praktyczność komputerów kwantowych.

- Techniki kontroli i ekranowania: Badania nad zaawansowanymi technikami kontroli i ekranowania, w tym dynamicznym anulowaniem dekoherencji, mają na celu precyzyjne kontrolowanie interakcji kubitów z ich otoczeniem. Stosując określone sekwencje impulsów i projektując systemy chronione przed zewnętrznymi zakłóceniami, naukowcy mogą zminimalizować skutki dekoherencji. Dalszy rozwój tych technologii obiecuje znaczne wydłużenie czasu koherencji.

- Skalowalność i integracja systemu: Aby zrealizować praktycznie użyteczne systemy kwantowe, konieczne jest znalezienie rozwiązań do skalowania komputerów kwantowych, które mogą skutecznie integrować i zarządzać dużą liczbą kubitów. Obejmuje to rozwój architektur i platform technologicznych, które umożliwiają niezawodną komunikację i interakcję między kubitami na duże odległości i w złożonych sieciach.

Realizacja tych celów wymaga multidyscyplinarnej współpracy pomiędzy fizykami, inżynierami, materiałoznawcami i informatykami. Ciągły postęp w tych obszarach obiecuje nie tylko rozwój komputerów kwantowych, które mogą skutecznie rozwiązywać złożone problemy, ale także otwarcie nowych obszarów badań i zastosowań w kryptografii, materiałoznawstwie, syntezie chemicznej i wielu innych dziedzinach. Ciągła poprawa wydajności komputerów kwantowych niewątpliwie poszerzy nasze rozumienie świata i może otworzyć drzwi do nowej ery technologii.

Zastosowania interferencji kwantowej

Interferencja kwantowa to zjawisko wynikające z podstawowych zasad mechaniki kwantowej. Ilustruje ono, w jaki sposób cząstki kwantowe, takie jak elektrony, fotony lub całe atomy, mogą wykazywać właściwości falowe. Ta zdolność cząstek do poruszania się w przestrzeni i czasie, tworząc wzory fal, które mogą się nakładać, prowadzi do wzorów interferencji, które są zwykle kojarzone z falami klasycznymi, takimi jak fale wodne lub fale dźwiękowe.

Równoległość kwantowa

Unikalna zdolność komputerów kwantowych do wykonywania wielu obliczeń jednocześnie jest ściśle związana ze zjawiskiem interferencji kwantowej. Właściwość ta pozwala komputerom kwantowym na wykorzystanie ich ogromnej mocy obliczeniowej i oferuje fundamentalną przewagę nad komputerami klasycznymi.

Interferencja kwantowa umożliwia nałożenie na siebie amplitud funkcji falowych odpowiadających różnym stanom kwantowym w taki sposób, że konstruktywna interferencja zwiększa prawdopodobieństwo pożądanych wyników, podczas gdy destrukcyjna interferencja zmniejsza prawdopodobieństwo niepożądanych wyników. Dzięki starannie zaprojektowanym operacjom kwantowym (bramkom kwantowym), fazy kubitów można dostosować tak, aby ich funkcje falowe interferowały w pożądany sposób na końcu obliczeń. Przykładami tego są

- Algorytm Shora: Wykorzystuje interferencję kwantową do wydajnego faktoryzowania dużych liczb. Wzorce interferencji generowane przez obliczenia kwantowe pomagają określić okresowość funkcji, co jest kluczowym krokiem w faktoryzacji.

- Algorytm Grovera: Algorytm wyszukiwania wykorzystujący interferencję kwantową w celu zwiększenia prawdopodobieństwa znalezienia poprawnego wyniku wyszukiwania w nieposortowanej bazie danych, umożliwiając znalezienie rozwiązania znacznie szybciej niż w przypadku jakiegokolwiek klasycznego algorytmu.

Wyzwanie związane z wykorzystaniem interferencji kwantowej polega na precyzyjnej kontroli faz kubitów i utrzymaniu spójności kubitów w czasie. Każda forma dekoherencji może zakłócić wzorce interferencji i pogorszyć wydajność obliczeniową. Postępy w dziedzinie korekcji błędów, projektowania kubitów i ekranowania systemów mają kluczowe znaczenie dla pokonania tych wyzwań i wykorzystania pełnej mocy interferencji kwantowej.

Kryptografia kwantowa

Interferencja kwantowa odgrywa również ważną rolę w kryptografii kwantowej, zwłaszcza w protokołach takich jak BB84, który został zaprojektowany do bezpiecznej wymiany kluczy. Podczas gdy protokół BB84 opiera się głównie na zasadach niepewności kwantowej i teorii braku klonowania, koncepcja interferencji kwantowej może odgrywać kluczową rolę w powiązanych scenariuszach komunikacji kwantowej lub w rozszerzeniach BB84 i innych protokołów opartych na efektach interferencji.

U podstaw protokołu BB84 leży wykorzystanie niepewności kwantowej poprzez wysyłanie i odbieranie stanów kwantowych w różnych bazach. Próba podsłuchu w tym kontekście nieuchronnie zakłóca stan kubitów w wyniku procesu pomiarowego, prowadząc do rozpoznawalnych błędów w wymianie kluczy. To zakłócenie można interpretować jako zmianę oczekiwań dotyczących wzorców interferencji kwantowej, chociaż protokół opiera się bezpośrednio na niemożności pomiaru stanu układu kwantowego bez zakłóceń. Więcej na ten temat później.

W innych kontekstach kryptografii kwantowej, takich jak kwantowe protokoły dystrybucji kluczy wyraźnie oparte na wzorcach interferencji kwantowej, rola interferencji kwantowej jest bardziej bezpośrednia. Protokoły oparte na superpozycji i interferencji stanów kwantowych wykorzystują wrażliwe wzorce interferencji do monitorowania integralności komunikacji. Każda ingerencja podsłuchującego zmienia wzorce interferencji w sposób, który może zostać wykryty przez komunikujące się strony.

W protokołach opartych na interferencji kwantowej seria kubitów jest zwykle wysyłana w specjalnie przygotowanych stanach w celu wygenerowania określonych wzorców interferencji. Interwencja lub próba pomiaru przez stronę trzecią zakłóciłaby te wzorce. Zakłócenia te objawiłyby się zwiększonym poziomem błędów w przesyłanych danych, sygnalizując uczestnikom, że bezpieczeństwo ich komunikacji zostało naruszone.

Dalszy rozwój kryptografii kwantowej może w coraz większym stopniu opierać się na wykorzystaniu zakłóceń kwantowych w celu opracowania jeszcze bezpieczniejszych protokołów komunikacyjnych. Ponieważ wzorce interferencji są niezwykle wrażliwe na zakłócenia, stanowią one potężne narzędzie zapewniające bezpieczeństwo przesyłanych informacji. Eksperymenty i protokoły oparte na rozproszonej interferencji kwantowej mogą stanowić podstawę przyszłych kwantowych sieci komunikacyjnych, które oferują bezprecedensowe bezpieczeństwo.

Wykorzystanie interferencji kwantowej w praktycznych zastosowaniach również stwarza wyzwania, w szczególności potrzebę utrzymania wysokich

47

współczynników koherencji kubitów w czasie. Każda forma dekoherencji może zakłócać wzorce interferencji, a tym samym wpływać na dokładność i niezawodność obliczeń kwantowych.

Wnioski

Interferencja kwantowa jest fundamentalną zasadą mechaniki kwantowej i stanowi podstawę wielu technologii i metod w świecie obliczeń kwantowych. Rozumiejąc i manipulując wzorcami interferencji kwantowej, naukowcy mogą przesuwać granice przetwarzania informacji i otwierać nowe możliwości w technologii komputerowej, kryptografii i nie tylko. Pomimo wyzwań technicznych związanych z realizacją spójnych i skalowalnych systemów kwantowych, dalsze badania nad interferencją kwantową obiecują ekscytujący postęp w kierunku pełnego wykorzystania potencjału komputerów kwantowych.

Komputery klasyczne a komputery kwantowe

Porównanie komputerów klasycznych i kwantowych nie tylko podkreśla różnice w sposobie ich działania, ale także w ich potencjalnych zastosowaniach i ograniczeniach. Podczas gdy komputery klasyczne stanowią podstawę dzisiejszej technologii cyfrowej, komputery kwantowe oferują całkowicie nowy sposób przetwarzania informacji w oparciu o zasady mechaniki kwantowej.

Podstawowe zasady działania

Podstawowa różnica między komputerami klasycznymi a kwantowymi polega na sposobie przetwarzania i przechowywania informacji. Różnice te otwierają przed komputerami kwantowymi potencjał, który wykracza daleko poza to, co jest możliwe w przypadku komputerów klasycznych, zwłaszcza w przypadku niektórych rodzajów problemów.

Klasyczne komputery opierają się na bitach jako podstawowych jednostkach informacji. Bit jest najmniejszą ilością danych i może mieć jeden z dwóch stanów: 0 lub 1. Te binarne stany są podstawą klasycznego przetwarzania informacji, w którym złożone obliczenia są wykonywane poprzez łączenie operacji logicznych (takich jak AND, OR i NOT) na tych bitach. Wydajność klasycznych komputerów, od smartfonów po

49

superkomputery, opiera się na rosnącej miniaturyzacji komponentów przetwarzających bity, co prowadzi do stałego wzrostu wydajności obliczeniowej. Niemniej jednak, klasyczne komputery pozostają zasadniczo sekwencyjne w swoich możliwościach obliczeniowych, nawet jeśli techniki takie jak przetwarzanie równoległe są wykorzystywane do zwiększenia wydajności.

Komputery kwantowe, z drugiej strony, wykorzystują bity kwantowe lub qubity, które, w przeciwieństwie do klasycznych bitów, stosują zasady mechaniki kwantowej. Kubit może istnieć nie tylko w stanie 0 lub 1, ale także w superpozycji obu stanów jednocześnie. Ta superpozycja umożliwia pojedynczemu kubitowi przenoszenie większej ilości informacji niż klasyczny bit. Ponadto kubity mogą być ze sobą połączone poprzez zjawisko splątania kwantowego, w którym stan jednego kubitu może bezpośrednio wpływać na stan drugiego, niezależnie od odległości między nimi. Właściwości te pozwalają komputerom kwantowym na równoległe wykonywanie ogromnej ilości obliczeń.

Wykorzystanie interferencji kwantowej umożliwia również komputerom kwantowym wybór spośród dużej liczby możliwych ścieżek obliczeniowych tych, które prowadzą do pożądanego rozwiązania. Umożliwia to komputerom kwantowym rozwiązywanie niektórych problemów, takich jak faktoryzacja dużych liczb (ważna dla kryptografii) lub symulacja systemów kwantowych (ważna dla materiałoznawstwa i farmacji), potencjalnie znacznie szybciej niż komputery klasyczne.

Podczas gdy klasyczne komputery pozostają niezbędne dla ogółu społeczeństwa i przemysłu do zadań takich jak przetwarzanie tekstu, zarządzanie bazami danych i wiele rodzajów tworzenia oprogramowania, komputery kwantowe oferują rozwiązania wcześniej niedostępnych problemów. Jednak badania i rozwój w dziedzinie technologii obliczeń kwantowych wciąż stoją przed poważnymi wyzwaniami technicznymi, w tym stabilizacją kubitów i skalowaniem systemów kwantowych.

Obliczenia kwantowe są wciąż na wczesnym etapie rozwoju, ale postępy w technologii kwantowej zrewolucjonizują sposób, w jaki myślimy o przetwarzaniu danych i rozwiązywaniu problemów w perspektywie średnio- i długoterminowej. Równoległy charakter obliczeń kwantowych, wraz ze zdolnością do przeprowadzania złożonych symulacji i umożliwienia nowych form kryptografii, wskazuje na ogromny potencjał wykraczający poza to, co jest możliwe w przypadku klasycznych technologii obliczeniowych.

Wydajność obliczeniowa i obszary zastosowań

Wydajność obliczeniowa i obszary zastosowań komputerów klasycznych i kwantowych odzwierciedlają zasadniczo różne zasady, na których opierają się te technologie. Każda z nich ma swoje mocne strony i lepiej nadaje się do określonych rodzajów zadań.

Siłą klasycznych komputerów jest ich wszechstronność i wydajność w szerokim zakresie zadań. Są one niezbędne do codziennych zastosowań, takich jak przetwarzanie tekstu, przeglądanie Internetu, odtwarzanie multimediów i uruchamianie oprogramowania biznesowego. Są również zdolne do wykonywania złożonych obliczeń naukowych i analiz danych, które mają kluczowe znaczenie w wielu dziedzinach badań i przemysłu. Ich architektura umożliwia im szybkie i wydajne przetwarzanie dużych ilości danych, opierając się na ogromnej i stale rosnącej bibliotece algorytmów zoptymalizowanych pod kątem różnych problemów.

Z drugiej strony, komputery kwantowe znane są ze swojej potencjalnej przewagi w specyficznych, szczególnie wymagających obliczeniowo problemach. Ich unikalna zdolność do wykorzystywania stanów superpozycji i splątania umożliwia im znajdowanie rozwiązań problemów, których klasyczne komputery nie byłyby w stanie rozwiązać w ogóle lub tylko przy niepraktycznie wysokim nakładzie czasu i energii:

- Faktoryzacja dużych liczb: Komputery kwantowe mogłyby podważyć bezpieczeństwo obecnych systemów kryptograficznych w oparciu o trudność tego problemu. Algorytm Shora, który działa na komputerach kwantowych, może efektywnie faktoryzować duże liczby, co jest praktycznie niemożliwe dla klasycznych komputerów.
- Wyszukiwanie w nieposortowanych bazach danych: Algorytm Grovera demonstruje zdolność komputerów kwantowych do znacznej

poprawy wydajności wyszukiwania w dużych, nieposortowanych zbiorach danych poprzez drastyczne zmniejszenie liczby wymaganych kroków w porównaniu do klasycznych algorytmów.

- Symulacja systemów kwantowych: Być może jednym z najbardziej obiecujących zastosowań komputerów kwantowych jest symulacja złożonych systemów kwantowych. Mogłoby to umożliwić przełomowe postępy w materiałoznawstwie, umożliwiając naukowcom dokładne przewidywanie zachowania atomów i cząsteczek w opracowywaniu nowych materiałów i leków.

Potencjalne zastosowania komputerów kwantowych mogą umożliwić rewolucyjny postęp w wielu dziedzinach:

- Materiałoznawstwo: Precyzyjna symulacja właściwości materiałów na poziomie kwantowym może doprowadzić do opracowania nowych materiałów o niestandardowych właściwościach.
- Kryptografia: Oprócz ryzyka naruszenia istniejących systemów szyfrowania, komputery kwantowe stanowią również podstawę dla nowych, teoretycznie niemożliwych do złamania metod szyfrowania kwantowego.
- Problemy optymalizacyjne: Wiele dziedzin nauki i przemysłu, od logistyki po analizę

finansową, mogłoby skorzystać z algorytmów kwantowych, które rozwiązują problemy optymalizacyjne bardziej efektywnie.

Podczas gdy klasyczne komputery pozostają końmi roboczymi przetwarzania informacji, komputery kwantowe oferują rozwiązania dla wcześniej niedostępnych wyzwań. Współistnienie i integracja obu technologii może na nowo zdefiniować granice możliwości obliczeniowych i napędzać innowacje w niemal wszystkich obszarach nauki i przemysłu.

Skalowalność i stabilność

Różnice w skalowalności i stabilności między komputerami klasycznymi a komputerami kwantowymi podkreślają odpowiednie wyzwania technologiczne i możliwości, które charakteryzują oba obszary.

Klasyczne komputery zawdzięczają swoją architekturę dekadom rozwoju i optymalizacji. Ich skalowalność opiera się na stosunkowo prostych zasadach: Większą wydajność można często osiągnąć poprzez dodanie większej liczby procesorów (lub rdzeni obliczeniowych), większej ilości pamięci RAM lub większych rozwiązań pamięci masowej. Ta modułowość i możliwość rozbudowy doprowadziła do powstania potężnych i wszechstronnych systemów komputerowych, które są obecnie wykorzystywane w niemal każdym aspekcie współczesnego życia.

Stabilność i niezawodność klasycznych komputerów jest również wynikiem szeroko zakrojonych badań i rozwoju. Zaawansowane mechanizmy korekcji błędów i solidne techniki integralności danych zapewniają prawidłowe działanie systemów nawet w przypadku awarii sprzętu lub usterek zewnętrznych. Systemy te są zaprojektowane tak, aby były odporne na awarie, co oznacza, że mogą nadal działać nawet w przypadku awarii poszczególnych komponentów.

Komputery kwantowe stoją natomiast przed wyjątkowymi i znaczącymi wyzwaniami w zakresie skalowalności i stabilności. Podstawowe zasady, które sprawiają, że komputery kwantowe są tak potężne - superpozycja i splątanie - są również źródłem ich największych wyzwań. Kubity muszą być utrzymywane w precyzyjnie kontrolowanym stanie kwantowym, co jest niezwykle trudne ze względu na interakcje z otoczeniem (dekoherencja). Problem ten staje się coraz bardziej wyraźny wraz ze wzrostem liczby kubitów i złożoności obwodów kwantowych.

Kwantowa korekcja błędów jest kluczowym elementem w pokonywaniu wyzwań związanych z dekoherencją i innymi źródłami błędów. W przeciwieństwie do systemów klasycznych, w których korekcję błędów osiąga się poprzez redundancję i proste algorytmy korekcyjne, korekcja błędów w systemach kwantowych wymaga bardziej złożonych i subtelnych podejść. Ponieważ pomiar stanu kwantowego zmienia go, kwantowe kody korekcji błędów muszą być zaprojektowane tak, aby wykrywać i korygować błędy bez zakłócania delikatnych informacji kwantowych.

Pomimo tych wyzwań, potencjalne korzyści komputerów kwantowych są ogromne, zwłaszcza w przypadku zadań, które przerastają klasyczne komputery. Aktywne badania w obszarach takich jak kwantowa korekcja błędów, rozwój bardziej stabilnych konstrukcji kubitów i wydajnych algorytmów do kontrolowania systemów kwantowych stopniowo przybliżają realizację praktycznych komputerów kwantowych. Równoległy rozwój klasycznej technologii obliczeniowej i kwantowej technologii obliczeniowej obiecuje przyszłość, w której obie technologie będą wykorzystywane w komplementarny sposób do rozwiązywania szerokiego zakresu problemów, od badań podstawowych po praktyczne zastosowania w przemyśle i technologii.

Stan rozwoju i dostępność

Rozwój i wykorzystanie komputerów klasycznych w porównaniu z komputerami kwantowymi wyraźnie odzwierciedla różne poziomy dojrzałości i różne obszary zastosowania tych technologii.

Technologia stojąca za klasycznymi komputerami ewoluowała nieprzerwanie przez dziesięciolecia, czego efektem jest niezwykła różnorodność urządzeń, które są wykorzystywane w niemal każdym aspekcie codziennego życia i w niemal każdej branży. Klasyczne komputery są podstawą nowoczesnego społeczeństwa informacyjnego, umożliwiając wszystko, od podstawowej komunikacji i zadań organizacyjnych po złożone obliczenia naukowe i analizę danych. Ich technologia jest zaawansowana i niezawodna, co czyni je atrakcyjnymi zarówno dla konsumentów, jak i firm. Dzięki szerokiej gamie dostępnych formatów - od potężnych serwerów, które tworzą szkielet Internetu i dużych sieci korporacyjnych, po urządzenia mobilne, które mieszczą się w kieszeni - klasyczne komputery mogą być elastycznie wykorzystywane w różnych zastosowaniach.

Z drugiej strony, komputery kwantowe oferują rewolucyjny potencjał w zakresie rozwiązywania pewnych kategorii problemów, których klasyczne komputery albo nie są w stanie rozwiązać, albo mogą rozwiązać jedynie przy zbyt dużym wysiłku. Pomimo znaczących postępów w technologii obliczeń kwantowych i rosnącego zainteresowania zarówno ze strony środowiska akademickiego, jak i przemysłu, technologia ta wciąż znajduje się na wczesnym etapie rozwoju. Komputery kwantowe są obecnie głównie narzędziami badawczymi i rozwojowymi. Niektóre modele zostały udostępnione za pośrednictwem usług w chmurze, umożliwiając naukowcom i programistom z całego świata eksperymentowanie z algorytmami kwantowymi i badanie potencjału tej nowej formy obliczeń. Komputery kwantowe nie są jednak jeszcze gotowe do powszechnego zastosowania w praktyce. Wyzwania związane ze stabilnością, skalowalnością i podatnością na błędy wymagają dalszych intensywnych badań i rozwoju.

Podczas gdy klasyczne komputery będą nadal odgrywać kluczową rolę w naszym codziennym życiu i globalnej gospodarce, naukowcy i inżynierowie pracują nad przesunięciem granic technologii obliczeń kwantowych. Wizją jest opracowanie komputerów kwantowych w taki sposób, aby mogły być wykorzystywane w sposób komplementarny do komputerów klasycznych, zwłaszcza w zadaniach, w których oferują wyjątkową przewagę. Może to zwiastować nową erę przetwarzania informacji, w której połączone siły obu typów komputerów będą wykorzystywane do rozwiązywania złożonych problemów w nauce, medycynie, materiałoznawstwie i innych dziedzinach, które wcześniej były niedostępne.

Komputery klasyczne i komputery kwantowe nie są bezpośrednimi konkurentami, ale uzupełniają się pod wieloma względami. Systemy klasyczne pozostaną niezastąpione w zdecydowanej większości zadań obliczeniowych i w codziennych zastosowaniach. Z drugiej strony, komputery kwantowe mogą zaoferować rozwiązania problemów, które wcześniej uważano za nie do pokonania, otwierając nowe horyzonty w nauce i technologii. Przyszłość może przynieść połączenie obu podejść, z komputerami kwantowymi i klasycznymi współpracującymi ze sobą w celu zmaksymalizowania ich mocnych stron.

Rozwój komputerów kwantowych

Wczesna faza badań i podstawy teoretyczne

Wczesna faza badań i rozwój teoretycznych podstaw technologii obliczeń kwantowych są ściśle związane z fundamentalnymi odkryciami w dziedzinie mechaniki kwantowej. Mechanika kwantowa sama w sobie zaczęła stanowić odrębną dziedzinę fizyki na początku XX wieku, dzięki pionierskim pracom fizyków takich jak Max Planck, Albert Einstein, Niels Bohr, Werner Heisenberg, Erwin Schrödinger i wielu innych. Te teoretyczne podstawy stanowiły podstawę do zrozumienia wyjątkowego i często nieintuicyjnego zachowania materii i energii w najmniejszych skalach.

Jednak idea komputera kwantowego, jaką znamy dzisiaj, zaczęła nabierać kształtu dopiero w latach 80-tych XX wieku. Kilka kluczowych momentów i wkładów znacząco przyczyniło się do rozwoju podstaw teoretycznych:

Richard Feynman (1981)

Richard Feynman, jeden z najbardziej błyskotliwych i wpływowych fizyków XX wieku, odegrał decydującą rolę w konceptualizacji idei obliczeń kwantowych. Jego pomysły i propozycje położyły podwaliny pod wszystkie późniejsze osiągnięcia w dziedzinie obliczeń kwantowych. Podczas swojego słynnego przemówienia na

Konferencji Fizyki w 1981 roku, często cytowanego jako "Symulowanie fizyki za pomocą komputerów", Feynman przedstawił fundamentalne spostrzeżenie dotyczące ograniczeń klasycznych komputerów w symulowaniu kwantowych systemów mechanicznych.

Feynman argumentował, że klasyczne komputery są z natury niezdolne do skutecznego symulowania systemów kwantowych. Przyczyna tego leży w naturze samej mechaniki kwantowej, która charakteryzuje się superpozycją, splątaniem i nielokalnością - zjawiskami, które nie mają bezpośredniego odpowiednika w świecie fizyki klasycznej. Klasyczny komputer oparty na bitach binarnych musiałby wykorzystywać wykładniczo rosnące zasoby, aby nawet zbliżyć się do uchwycenia przestrzeni stanów systemu kwantowego.

Genialne spostrzeżenie Feynmana polegało na tym, że komputer, który sam wykorzystywałby zasady mechaniki kwantowej - tj. komputer kwantowy - byłby w stanie przezwyciężyć te ograniczenia. Takie urządzenie mogłoby natywnie symulować systemy kwantowe poprzez bezpośrednie wykorzystanie kwantowo-mechanicznych właściwości materii do wykonywania obliczeń.

Pomysł ten był rewolucyjny, ponieważ utorował drogę dla zupełnie nowego paradygmatu przetwarzania informacji. Zamiast próbować symulować mechanikę kwantową w ramach klasycznego modelu obliczeniowego, Feynman zaproponował wykorzystanie zasad samej mechaniki kwantowej jako podstawy do obliczeń i symulacji. Otworzyło to teoretyczną możliwość rozwiązywania problemów niedostępnych dla klasycznych komputerów, w tym symulacji cząsteczek i materiałów, problemów optymalizacyjnych i opracowywania nowych typów algorytmów kwantowych.

Wykład Feynmana zainspirował pokolenia fizyków, matematyków i informatyków do opracowania koncepcji i technologii potrzebnych do stworzenia komputerów kwantowych. Chociaż wyzwania techniczne są ogromne, a technologia obliczeń kwantowych jest wciąż w powijakach, trwające badania doprowadziły już do znaczących przełomów. Pogłębiły również nasze zrozumienie podstaw mechaniki kwantowej i jej zastosowań w przetwarzaniu informacji.

Wizjonerskie idee Feynmana są doskonałym przykładem tego, jak głębokie spostrzeżenia teoretyczne mogą kształtować kierunek rozwoju nauki i technologii. Jego wkład w informatykę kwantową pozostaje głównym dziedzictwem w historii informatyki i fizyki kwantowej.

David Deutsch (1985)

David Deutsch, brytyjski fizyk, odegrał kluczową rolę w rozwoju teoretycznych podstaw informatyki kwantowej, formułując w latach 80. koncepcję kwantowej maszyny Turinga. Praca ta, często uważana za kamień milowy w technologii obliczeń kwantowych, rozszerzyła klasyczny model maszyny Turinga, który stanowi podstawę zrozumienia, co oznacza wykonywanie obliczeń, na sferę kwantową.

Koncepcja kwantowej maszyny Turinga Deutscha była pierwszą rygorystyczną próbą rozszerzenia tradycyjnego modelu maszyny Turinga - abstrakcyjnego modelu maszyny, który reprezentuje zasady obliczeń algorytmicznych - na systemy kwantowe. Podczas gdy klasyczna maszyna Turinga opiera się na stanach binarnych (bitach) i wykorzystuje deterministyczne przejścia między tymi stanami, kwantowa maszyna Turinga wykorzystuje bity kwantowe (kubity), które mogą znajdować się w stanach superpozycji, i przetwarza informacje poprzez przejścia kwantowe.

Praca Deutscha dostarczyła formalnych podstaw dla teorii obliczeń kwantowych i pokazała, że komputery kwantowe mogą potencjalnie rozwiązywać pewne typy problemów wydajniej niż komputery klasyczne. Kluczową różnicą pomiędzy klasycznymi i kwantowymi maszynami Turinga jest ich zdolność do równoległego wykonywania obliczeń. Ze względu na kwantowe zjawiska superpozycji i splątania, kwantowe maszyny Turinga mogą wykonywać wykładniczą liczbę obliczeń jednocześnie, co daje im teoretyczną przewagę w przypadku niektórych problemów.

Pomysły Deutscha otworzyły drzwi do rozwoju konkretnych algorytmów kwantowych, które wykorzystują unikalne właściwości komputerów kwantowych. Przykłady obejmują algorytm Shora do faktoryzacji dużych liczb i algorytm Grovera do przeszukiwania nieposortowanych baz danych. Oba algorytmy pokazują wyższość komputerów kwantowych nad klasycznymi komputerami w przypadku określonych problemów.

Formułując koncepcję kwantowej maszyny Turinga, David Deutsch nie tylko położył teoretyczne podwaliny pod obliczenia kwantowe, ale także zapewnił ramy koncepcyjne, które umożliwiły zbadanie ograniczeń i możliwości tej nowej formy przetwarzania informacji. Jego praca pokazała, że zasady mechaniki kwantowej nie tylko ujawniają fascynujące zjawiska fizyczne, ale mogą mieć również praktyczne zastosowania w przetwarzaniu informacji, które mogą zasadniczo zmienić krajobraz technologii komputerowej.

Peter Shor (1994)

Peter Shor, amerykański matematyk i profesor Massachusetts Institute of Technology (MIT), dokonał przełomowego przełomu w technologii komputerów kwantowych, opracowując algorytm Shora nazwany jego imieniem w 1994 r. Algorytm ten demonstruje zdolność komputera kwantowego do faktoryzacji dużych liczb na ich czynniki pierwsze w czasie, który skaluje się wielomianowo wraz z długością liczb. Jest to wyraźny kontrast w stosunku do najbardziej znanych algorytmów dla komputerów klasycznych, których czas działania rośnie wykładniczo wraz z długością liczby do faktoryzacji.

Faktoryzacja dużych liczb jest klasycznym problemem w teorii liczb, ale ma praktyczne zastosowanie w kryptografii, zwłaszcza w kontekście szeroko stosowanej metody szyfrowania RSA. Bezpieczeństwo RSA opiera się na założeniu, że faktoryzacja dużej liczby, która jest iloczynem dwóch dużych liczb pierwszych, jest praktycznie niemożliwa dla klasycznych komputerów. Odkrycie Shora pokazało, że założenie to nie jest już możliwe do utrzymania w erze komputerów kwantowych, ponieważ istnieje wydajny algorytm kwantowy, który może rozwiązać to zadanie.

Potencjalna zdolność komputerów kwantowych do wykonywania algorytmu Shor ma głębokie implikacje dla bezpieczeństwa większości dzisiejszych systemów kryptograficznych. Podkreśla to potrzebę opracowania nowych schematów kryptograficznych, które pozostaną bezpieczne w erze komputerów kwantowych, znanej jako kryptografia post-kwantowa.

Opracowanie algorytmu Shor było katalizatorem zainteresowania i inwestycji w technologię obliczeń kwantowych. Perspektywa rozwiązania praktycznych problemów niedostępnych dla klasycznych komputerów zmotywowała zarówno badaczy akademickich, jak i przemysł do rozwoju komputerów kwantowych. Doprowadziło to do znacznego zwiększenia wysiłków na rzecz realizacji praktycznych komputerów kwantowych, w tym rozwoju sprzętu, mechanizmów korekcji błędów i innych algorytmów, które wykorzystują unikalne zalety komputerów kwantowych.

Praca Petera Shora nad algorytmem Shora stanowi punkt zwrotny w historii obliczeń kwantowych i podkreśla transformacyjny potencjał tej technologii. Podczas gdy praktyczne komputery kwantowe zdolne do wykonywania algorytmu Shora dla dużych liczb jeszcze nie istnieją, sama możliwość takich obliczeń miała już głęboki wpływ na kierunek badań kryptograficznych i strategie bezpieczeństwa danych. Wkład Shora pozostaje doskonałym przykładem połączenia informatyki teoretycznej i fizyki oraz jej wpływu na technologię i społeczeństwo.

Lov Grover (1996)

Lov Grover, badacz z Bell Labs, wniósł znaczący wkład w rozwój technologii obliczeń kwantowych, prezentując w 1996 roku algorytm, który jest obecnie znany jako algorytm Grovera. Algorytm ten pokazuje, w jaki sposób komputery kwantowe mogą przeszukiwać nieposortowaną bazę danych znacznie wydajniej niż komputery klasyczne. Podczas gdy klasyczny komputer musi przeszukać średnio połowę wszystkich wpisów w bazie danych, aby znaleźć pożądany element, algorytm Grovera potrzebuje tylko około pierwiastka kwadratowego z liczby wpisów, aby osiągnąć ten sam wynik.

Algorytm Grovera wykorzystuje mechanikę kwantową, w szczególności zjawisko superpozycji kwantowej, do równoległego przeszukiwania wszystkich wpisów w bazie danych jednocześnie. Poprzez sprytną sekwencję operacji kwantowych znanych jako wzmocnienie amplitudy, algorytm systematycznie zwiększa prawdopodobieństwo znalezienia poszukiwanego elementu, jednocześnie zmniejszając prawdopodobieństwo dla wszystkich innych elementów. Po serii iteracji algorytmu, poszukiwany element jest identyfikowany z dużym prawdopodobieństwem, gdy wykonywany jest pomiar układu kwantowego.

Algorytm Grovera jest doskonałym przykładem problemu, w którym komputery kwantowe oferują wyraźną przewagę nad komputerami klasycznymi. Należy podkreślić, że algorytm ten oferuje kwadratową przewagę prędkości, co oznacza, że może znacznie przyspieszyć wyszukiwanie w dużych bazach danych. Kontrastuje to z wykładniczą przewagą prędkości obserwowaną w przypadku innych algorytmów kwantowych, takich jak algorytm Shor. Niemniej jednak, przewaga szybkości jest znacząca w praktyce i pokazuje potencjał komputerów kwantowych do bardziej efektywnego rozwiązywania niektórych klas problemów.

Chociaż algorytm Grovera został opracowany specjalnie do przeszukiwania baz danych, jego podstawowa technika - wzmocnienie amplitudy - znalazła szersze zastosowanie w innych obszarach, w tym w uczeniu maszynowym, problemach optymalizacyjnych i opracowywaniu nowych algorytmów kwantowych. Ogólne zasady stojące za pracą Grovera pokazały, w jaki sposób równoległość kwantowa i interferencja mogą być wykorzystane do osiągnięcia ulepszeń algorytmicznych wykraczających poza klasyczne podejścia.

Algorytm Grovera pozostaje kluczowym elementem teorii obliczeń kwantowych i doskonałym przykładem praktycznych możliwości tej rozwijającej się technologii. Ilustruje on nie tylko to, w jaki sposób mechanika kwantowa może być wykorzystywana do rozwiązywania codziennych problemów, ale także to, w jaki sposób komputery kwantowe są w stanie przesuwać granice klasycznego przetwarzania informacji. Podczas gdy pełna realizacja tej technologii jest wciąż w przyszłości, wkład Grovera zapewnia solidne podstawy do zrozumienia i dalszego odkrywania potencjału obliczeń kwantowych.

Chociaż teoretyczne podstawy obliczeń kwantowych są obecnie mocno ugruntowane, badania stoją przed poważnymi wyzwaniami, jeśli chodzi o ich praktyczne wdrożenie. Obejmują one generowanie i utrzymywanie kubitów w spójnych stanach, skalowanie systemów kwantowych, korekcję błędów w kontekście kwantowym oraz rozwój wydajnych algorytmów kwantowych.

Równolegle, rozwój teoretyczny w obszarach takich jak kwantowa korekcja błędów i rozwój nowych algorytmów kwantowych pomógł rozwiązać praktyczne przeszkody i utorować drogę do realizacji funkcjonalnych komputerów kwantowych.

Wczesna faza badań i teoretyczne podstawy technologii obliczeń kwantowych odzwierciedlają głęboką zmianę w naszym rozumieniu obliczeń i przetwarzania informacji. Podczas gdy pierwsze koncepcje i algorytmy

zademonstrowały ogromną potencjalną moc komputerów kwantowych, naukowcy z całego świata nadal po-
konują techniczne i teoretyczne wyzwania, aby doprowadzić tę technologię do pełnej dojrzałości. Podróż od
fundamentalnych zasad mechaniki kwantowej do praktycznych komputerów kwantowych jest fascynującym
przykładem transformacji abstrakcyjnych koncepcji
naukowych w rewolucyjne technologie.

Opracowanie pierwszych algorytmów kwantowych

Opracowanie pierwszych algorytmów kwantowych stanowiło punkt zwrotny w historii informatyki i fizyki, przekładając teoretyczny potencjał komputerów kwantowych na praktyczne korzyści obliczeniowe. Algorytmy te ilustrują, w jaki sposób podstawowe zasady mechaniki kwantowej - superpozycja, splątanie i interferencja - mogą być wykorzystywane do rozwiązywania problemów w sposób, który jest poza zasięgiem klasycznych komputerów. Oto przegląd pionierskich pierwszych algorytmów kwantowych i ich znaczenia:

Algorytm Deutscha (1985)

David Deutsch opracował pierwszy algorytm kwantowy, znany jako algorytm Deutscha, który rozwiązuje konkretny problem: określenie, czy dana funkcja binarna jest stała czy zrównoważona. Chociaż problem ten sam w sobie nie ma praktycznego znaczenia, algorytm po raz pierwszy zademonstrował możliwość wykorzystania równoległości kwantowej do przetwarzania informacji, rozwiązując problem za pomocą jednej operacji - proces, który wymagałby dwóch operacji przy użyciu klasycznych środków.

Algorytm German-Jozsa (1992)

Rozszerzony przez Richarda Jozsę, algorytm Deutsch-Jozsa rozszerzył oryginalny problem na funkcje z wieloma wejściami i tym samym stał się pierwszym przykładem algorytmu kwantowego, który wykazuje wykładniczą przewagę nad każdym możliwym deterministycznym algorytmem klasycznym. Algorytm ten w imponujący sposób demonstruje wyższość komputerów kwantowych w przypadku niektórych rodzajów problemów obliczeniowych, nawet jeśli problemy te mają głównie znaczenie akademickie.

Algorytm Shora (1994)

Opracowanie przez Petera Shora algorytmu kwantowego do faktoryzacji dużych liczb i znajdowania dyskretnych logarytmów dostarczyło pierwszych mocnych dowodów na praktyczne korzyści płynące z obliczeń kwantowych. Algorytm Shora może faktoryzować duże liczby wykładniczo szybciej niż najlepsze znane klasyczne algorytmy, co ma istotne implikacje dla kryptografii, zwłaszcza dla systemów szyfrowania, takich jak RSA, które opierają się na trudności faktoryzacji dużych liczb.

Algorytm Grovera (1996)

Algorytm Lova Grovera do przyspieszania wyszukiwania w nieposortowanej bazie danych oferował czterokrotną przewagę prędkości nad klasycznymi algorytmami wyszukiwania. Algorytm ten pokazał, że komputery kwantowe mogą oferować korzyści nie tylko w przypadku wyspecjalizowanych problemów matematycznych, ale także w przypadku bardziej ogólnych problemów obliczeniowych.

Znaczenie wczesnych algorytmów kwantowych

Te pierwsze algorytmy kwantowe odegrały kluczową rolę w sformułowaniu teorii i potencjału obliczeń kwantowych. Dostarczyły one dowodów na to, że komputery kwantowe są w stanie przewyższać klasyczne komputery w niektórych zadaniach obliczeniowych i zmotywowały zarówno teoretyczne, jak i praktyczne badania w tej rozwijającej się dziedzinie. Chociaż wiele z tych wczesnych algorytmów rozwiązywało problemy akademickie, położyły one podwaliny pod rozwój dalszych algorytmów kwantowych o bezpośrednich zastosowaniach praktycznych i odegrały kluczową rolę w zwiększeniu zainteresowania i inwestycji w technologię obliczeń kwantowych.

Wyższość kwantowa (2016)

Google ogłosił, że jego kwantowy procesor Sycamore rozwiązał konkretne zadanie obliczeniowe, które jest praktycznie nierozwiązywalne dla klasycznych superkomputerów, co jest kamieniem milowym często określanym jako "kwantowa supremacja". Więcej na ten temat później.

Rozwój sprzętu kwantowego

Rozwój sprzętu kwantowego jest szybko ewoluującym procesem, który obejmuje różnorodne podejścia i technologie. Postęp w tej dziedzinie ma kluczowe znaczenie dla realizacji praktycznych komputerów kwantowych.

Nadprzewodzące kubity

Firmy takie jak IBM, Google i Rigetti są liderami w rozwoju komputerów kwantowych opartych na obwodach nadprzewodzących. Technologia ta stała się jednym z najbardziej obiecujących podejść do realizacji praktycznie użytecznych komputerów kwantowych. Wybór obwodów nadprzewodzących do generowania kubitów niesie ze sobą szereg korzyści, w szczególności w zakresie skalowalności i postępów w korekcji błędów.

Nadprzewodzące kubity wykorzystują unikalne właściwości materiałów nadprzewodzących, które mogą przewodzić prąd elektryczny bez oporu. Stosując promieniowanie mikrofalowe do tych obwodów, można tworzyć stany odpowiednie do wykonywania obliczeń kwantowych. Te kubity mogą być produkowane stosunkowo łatwo przy użyciu procesów litograficznych podobnych do tych stosowanych w przemyśle półprzewodnikowym, co ułatwia ich integrację z większymi systemami.

Jedną z głównych zalet nadprzewodzących kubitów jest ich względna łatwość skalowania. Ponieważ technologia ta dzieli kompatybilne metody produkcji z istniejącym przemysłem półprzewodnikowym, teoretycznie łatwiej jest opracować systemy z większą liczbą kubitów. IBM, Google i Rigetti zaprezentowały już procesory kwantowe z dziesiątkami kubitów, podkreślając wykonalność tego podejścia.

Kolejnym kluczowym obszarem, w którym poczyniono znaczące postępy, jest korekcja błędów. Podczas gdy nadprzewodzące kubity są wrażliwe na zewnętrzne perturbacje, które mogą prowadzić do błędów, zastosowanie kwantowych kodów korekcji błędów pozwala na wykrycie i skorygowanie tych błędów. Firmy takie jak Google poczyniły znaczne postępy w opracowywaniu i wdrażaniu takich metod korekcji błędów, które są niezbędne do realizacji niezawodnych obliczeń kwantowych.

Pomimo postępów, nadal istnieją wyzwania, szczególnie w zakresie podatności na błędy i potrzeby ekstremalnie niskich temperatur roboczych w celu utrzymania nadprzewodnictwa. Wymagania te zwiększają złożoność i koszt kwantowych systemów obliczeniowych.

Uwięzione jony

Rozwój komputerów kwantowych opartych na technologii uwięzionych jonów jest obiecującym obszarem badań.

Start-upy takie jak IonQ, a także liczne akademickie grupy badawcze na całym świecie zajmują się tym podejściem, które charakteryzuje się długimi czasami koherencji i wysoką wiernością operacji kwantowych. Właściwości te sprawiają, że komputery kwantowe z pułapkami jonowymi są szczególnie atrakcyjne dla różnych zastosowań wymagających precyzyjnego i niezawodnego przetwarzania informacji kwantowych.

Uwięzione jony stanowią doskonałą podstawę do realizacji komputerów kwantowych dzięki ich stabilnym stanom kwantowym i zdolności do utrzymywania ich przez długi czas. Wysoka wierność operacji kwantowych wykonywanych między jonami umożliwia wykonywanie złożonych obliczeń z minimalnym błędem, co ma kluczowe znaczenie dla wiarygodności wyników. Ponadto technologia ta umożliwia wyjątkową elastyczność i rekonfigurowalność macierzy kubitów, co osiąga się poprzez precyzyjne kontrolowanie pułapek elektromagnetycznych, w których utrzymywane są jony.

Pomimo tych obiecujących właściwości, twórcy komputerów kwantowych z pułapkami jonowymi stoją przed poważnymi wyzwaniami technicznymi. Złożona natura pułapkowania i manipulowania poszczególnymi jonami wymaga wyrafinowanych technik i sprzętu, co komplikuje rozwój i utrzymanie takich systemów. Ponadto, skalowanie tej technologii, choć teoretycznie wykonalne, jest obarczone trudnościami w praktyce. Zapewnienie skutecznej integracji i interakcji dużej liczby kubitów w jednym spójnym systemie pozostaje jednym z głównych zadań dla badaczy w tej dziedzinie.

Jednak ciągłe wysiłki zmierzające do rozwiązania tych wyzwań wskazują na ogromny potencjał komputerów kwantowych z pułapkami jonowymi. Prace firm takich jak IonQ i grup badawczych na całym świecie pokazują znaczący postęp w kierunku praktycznych komputerów kwantowych. W niedalekiej przyszłości mogą one zwiastować rewolucję w takich dziedzinach jak materiałoznawstwo, optymalizacja i kryptografia, zapewniając rozwiązania problemów niedostępnych dla klasycznych komputerów. Rozwój w tym obszarze pozostaje zatem ekscytującą dziedziną z perspektywą przełomowych przełomów technologicznych.

Kropki kwantowe

Kropki kwantowe, które są wykorzystywane w technologii komputerów kwantowych, stanowią innowacyjne i obiecujące podejście do realizacji komputerów kwantowych. Ze względu na swoje unikalne właściwości fizyczne, te nanoskopowo małe cząstki półprzewodnikowe oferują możliwość reprezentowania bitów kwantowych lub kubitów. Rozmiar i kształt kropki kwantowej determinują jej właściwości elektroniczne, w tym poziomy energetyczne jej elektronów, co czyni je szczególnie atrakcyjnymi do wykorzystania w kwantowym przetwarzaniu informacji.

Kluczową zaletą kropek kwantowych jest ich potencjalna kompatybilność z istniejącymi procesami produkcji półprzewodników. Ponieważ można je wytwarzać z materiałów już stosowanych w przemyśle półprzewodnikowym, otwiera to możliwość produkcji komputerów kwantowych przy użyciu uznanych technik mikro- i nanofabrykacji. Kompatybilność ta obiecuje nie tylko dobrą skalowalność, ponieważ wiele kubitów można zintegrować na jednym chipie, ale także obniżenie kosztów produkcji, co może mieć decydujące znaczenie dla komercyjnego rozwoju technologii komputerów kwantowych.

Pomimo tych obiecujących perspektyw, naukowcy i inżynierowie pracujący nad rozwojem komputerów kwantowych opartych na kropkach kwantowych stoją przed poważnymi wyzwaniami. Jednym z największych wyzwań jest precyzyjna kontrola właściwości kropek kwantowych. Produkcja kropek kwantowych o precyzyjnie określonych rozmiarach, kształtach i składzie ma kluczowe znaczenie dla osiągnięcia pożądanych stanów i właściwości kwantowych. Wszelkie nieprawidłowości mogą prowadzić do nieprzewidywalnego zachowania kubitów i zwiększać podatność systemu na błędy.

Innym krytycznym problemem jest utrzymanie spójności kubitów. W środowisku, które jest z natury podatne na zakłócenia, kropki kwantowe muszą być chronione przed wpływami zewnętrznymi, takimi jak fluktuacje termiczne i promieniowanie elektromagnetyczne, które mogłyby zakłócić wrażliwe stany kwantowe i skrócić czas koherencji. Opracowanie technik izolacji i ochrony kropek kwantowych przed takimi zakłóceniami ma zatem kluczowe znaczenie dla realizacji praktycznych komputerów kwantowych.

Badania nad kropkami kwantowymi dla technologii obliczeń kwantowych są wciąż na stosunkowo wczesnym etapie, ale postęp w tej dziedzinie może położyć podwaliny pod nową generację komputerów kwantowych, które są zarówno wydajne, jak i skalowalne. Ciągłe wysiłki w dziedzinie materiałoznawstwa, nanotechnologii i fizyki kwantowej mają kluczowe znaczenie dla przezwyciężenia wyzwań i wykorzystania pełnego potencjału kropek kwantowych.

Fotony

Wykorzystanie fotonów do reprezentowania kubitów w kwantowym przetwarzaniu informacji, zwłaszcza w komunikacji kwantowej i kryptografii, oferuje wyjątkowe korzyści.

Fotony, podstawowy budulec światła, idealnie nadają się do przesyłania informacji kwantowych na duże odległości. Jedną z ich głównych zalet jest możliwość transportu w temperaturze pokojowej i na duże odległości bez znacznej dekoherencji. Ta właściwość sprawia, że fotony są idealnymi kandydatami do realizacji bezpiecznych kwantowych sieci komunikacyjnych i rozwoju technologii takich jak kwantowy Internet.

Kolejną kluczową zaletą fotonicznych kubitów jest ich odporność na wiele rodzajów zakłóceń środowiskowych, które zwykle wpływają na systemy elektroniczne. Fotony nie są podatne na zakłócenia elektromagnetyczne w sposób, w jaki mogą być elektroniczne kubity, co czyni je szczególnie przydatnymi do zastosowań w kryptografii kwantowej. Przykładowo, protokoły takie jak protokół BB84 do kwantowej wymiany kluczy wykorzystują unikalne właściwości kwantowe fotonów, aby umożliwić teoretycznie bezpieczną komunikację. Wszelkie próby podsłuchu nieuchronnie zakłóciłyby stany kwantowe fotonów, czyniąc je wykrywalnymi.

Pomimo tych obiecujących właściwości, rozwój fotonicznych komputerów kwantowych i systemów komunikacyjnych stoi przed poważnym wyzwaniem: realizacją efektywnej interakcji fotonów ze sobą. W przeciwieństwie do kubitów opartych na materii, które mogą stosunkowo łatwo oddziaływać ze sobą, fotony mają tendencję do mijania się bez interakcji. Jednak do wykonywania obliczeń kwantowych konieczne jest, aby kubity oddziaływały ze sobą w kontrolowany sposób w celu implementacji bramek kwantowych. Osiągnięcie silnych interakcji między fotonami wymaga zastosowania specjalnych technik i materiałów, takich jak nieliniowe media optyczne lub wykorzystanie kropek kwantowych i innych nanomateriałów jako mediatorów.

Badania w tym obszarze koncentrują się na opracowywaniu innowacyjnych metod pozwalających sprostać temu wyzwaniu. Podejścia takie jak wykorzystanie splątanych par fotonów, rozwój kryształów fotonicznych w celu kontrolowania propagacji światła oraz wykorzystanie systemów elektrodynamiki kwantowej (QED) to tylko niektóre z badanych strategii umożliwiających efektywne interakcje foton-foton. Postępy w dziedzinie fotoniki i optyki kwantowej mają kluczowe znaczenie dla realizacji tych technologii i mogą utorować drogę do rozwoju wysoce bezpiecznych kwantowych sieci komunikacyjnych i potężnych komputerów kwantowych opartych na wykorzystaniu fotonów.

Centra NV w diamentach

Wakanse azotowe (centra NV) w diamentach reprezentują kierunek w technologii obliczeń kwantowych, który ma potencjał do realizacji solidnych i praktycznych systemów kwantowych. Centra NV powstają, gdy dwa sąsiadujące atomy węgla w strukturze diamentu zostają zastąpione atomem azotu i wakansem (brakującym atomem węgla). Defekty te mają unikalne właściwości elektroniczne, które czynią je szczególnie odpowiednimi do kwantowego przetwarzania informacji.

Jedną z najważniejszych zalet centrów NV jest ich zdolność do pracy w temperaturze pokojowej. W przeciwieństwie do wielu innych systemów kubitowych, które wymagają ekstremalnie niskich temperatur do stabilnej pracy, centra NV mogą funkcjonować w znacznie szerszym zakresie temperatur. To znacznie upraszcza wymagania techniczne dla kwantowych systemów obliczeniowych i czyni je potencjalnie bardziej dostępnymi i praktycznymi dla szerokiego zakresu zastosowań.

Ponadto centra NV oferują stosunkowo długie czasy koherencji. Czas koherencji kubitu jest miarą tego, jak długo może on utrzymać swój stan kwantowy, zanim zostanie zakłócony przez wpływy otoczenia. Dłuższe czasy koherencji mają kluczowe znaczenie dla wykonywania złożonych obliczeń kwantowych, ponieważ dają badaczom więcej czasu na wykonanie operacji kwantowych przed wystąpieniem dekoherencji.

Pomimo tych zalet, badacze stają przed poważnymi wyzwaniami podczas pracy z centrami NV. Jedną z największych trudności jest precyzyjna manipulacja i kontrola centrów NV. Precyzyjna kontrola stanów kwantowych tych defektów wymaga zaawansowanych technik optycznych i magnetycznych, które wciąż muszą być dalej rozwijane i udoskonalane, aby umożliwić niezawodne i wydajne przetwarzanie informacji kwantowych.

Kolejnym istotnym wyzwaniem jest integracja centrów NV na większą skalę. Podczas gdy pojedyncze centra NV mogą działać jako kubity, praktyczny komputer kwantowy wymaga precyzyjnej kontroli nad dużą siecią kubitów, które mogą ze sobą współdziałać. Rozwój technik skalowania i tworzenia sieci centrów NV bez uszczerbku dla ich właściwości koherencji jest aktywnym obszarem badań.

Badania i rozwój w dziedzinie centrów NV w diamentach są obiecujące i mogą prowadzić do komputerów kwantowych, które są solidne, funkcjonalne w temperaturze pokojowej i stosunkowo łatwe w obsłudze. Postępy w dziedzinie materiałoznawstwa, nanotechnologii i fizyki kwantowej odgrywają kluczową rolę w pokonywaniu istniejących wyzwań. Rozwiązanie tych problemów może utorować drogę dla nowych platform obliczeń kwantowych, które mogą być wykorzystywane w szerokim zakresie zastosowań, od symulacji kwantowych po kryptografię kwantową i technologię czujników.

Topologiczne kubity

Topologiczne kubity stanowią szczególnie ekscytujące i zaawansowane podejście w technologii obliczeń kwantowych. Ich rozwój opiera się na koncepcji topologicznej materii kwantowej i wykorzystuje matematyczną teorię topologii do stworzenia nowej formy kubitu, który jest z natury chroniony przed wieloma rodzajami perturbacji i błędów. Ta właściwość sprawia, że topologiczne kubity są szczególnie obiecujące w tworzeniu solidnych, skalowalnych komputerów kwantowych, które są mniej podatne na dekoherencję i błędy wpływające na niezawodność i wydajność konwencjonalnych systemów kwantowych.

Sercem topologicznych kubitów jest wykorzystanie kwazicząstek znanych jako aniony, które mogą występować w pewnych dwuwymiarowych materiałach w określonych warunkach. Aniony mają niezwykłą właściwość, że ich wymiana (tj. ruch jednego anionu wokół drugiego) zmienia stan układu w sposób, który zależy tylko od klasy topologicznej ścieżki wymiany, a nie od dokładnych szczegółów ścieżki. Te operacje wymiany, znane jako "splatanie", zmieniają stan układu w przewidywalny i niezawodny sposób, który można wykorzystać do realizacji obliczeń kwantowych.

Największą zaletą topologicznych kubitów jest ich teoretyczna odporność na błędy. Ponieważ informacje są przechowywane w globalnych właściwościach topologicznych systemu, lokalne perturbacje, które zwykle prowadzą do błędów w komputerach kwantowych, mają mniejsze prawdopodobieństwo wpływu na te stany. To znacznie zmniejsza potrzebę stosowania złożonych kodów korekcji błędów wymaganych w innych kwantowych systemach obliczeniowych.

Realizacja topologicznych kubitów stoi jednak przed poważnymi wyzwaniami naukowymi i technicznymi. Istnienie anionów wymaganych dla kubitów topologicznych musi być udowodnione w praktycznych systemach i możliwe do kontrolowania. Obecnie przedmiotem intensywnych badań są materiały, które mogłyby zawierać tzw. fermiony Majorany - klasę anionów, które są szczególnie odpowiednie do generowania kubitów topologicznych. Ponadto, manipulacja i odczyt stanów zakodowanych w topologicznych właściwościach materiałów wymaga innowacyjnych technik i podejść.

Pomimo tych wyzwań, podejście topologiczne oferuje perspektywę dla przyszłości technologii obliczeń kwantowych, z potencjałem do tworzenia komputerów kwantowych, które są bardziej wydajne i niezawodne niż kiedykolwiek wcześniej. Pomyślny rozwój topologicznych kubitów może doprowadzić do rewolucji w kwantowym przetwarzaniu informacji, z daleko idącymi zastosowaniami w kryptografii, materiałoznawstwie i nie tylko. Badania w tym obszarze są nowatorskie i łączą koncepcje fizyki kwantowej, materiałoznawstwa, matematyki i informatyki, otwierając możliwość przedefiniowania granic możliwości komputerów.

Wybór technologii

Wybór technologii do rozwoju kubitów, a tym samym komputerów kwantowych, jest decyzją zakorzenioną w wymaganiach zamierzonych zadań obliczeń kwantowych, a także w fizycznych i technicznych możliwościach różnych systemów kubitowych. Każda technologia kubitowa niesie ze sobą specyficzne zalety, wyzwania i potencjalne obszary zastosowań, począwszy od podstawowych właściwości, takich jak czas koherencji, szybkość działania i skalowalność, a skończywszy na kompatybilności z istniejącą infrastrukturą technologiczną.

Nadprzewodzące kubity i uwięzione jony to dwie najbardziej zaawansowane technologie w dziedzinie obliczeń kwantowych. Nadprzewodzące kubity korzystają ze stosunkowo łatwej integracji z istniejącymi procesami produkcji półprzewodników i już teraz wykazują imponujące wyniki w prototypowych komputerach kwantowych opracowanych przez wiodące firmy technologiczne i organizacje badawcze. Ich czasy koherencji i prędkości działania są obiecujące dla wielu zastosowań, chociaż skalowanie powyżej setek lub tysięcy kubitów nadal stanowi wyzwanie.

Uwięzione jony, z ich długimi czasami koherencji i wysoką dokładnością operacyjną, stanowią kolejne obiecujące podejście. Okazały się one niezwykle precyzyjne w wykonywaniu operacji kwantowych i oferują możliwość opracowania stabilnych komputerów kwantowych. Głównymi wyzwaniami są tutaj skalowanie i integracja z praktycznym systemem komputera kwantowego, który działa wydajnie i niezawodnie.

Kropki kwantowe i kubity fotoniczne znajdują się na wcześniejszym etapie rozwoju w porównaniu do kubitów nadprzewodzących i uwięzionych jonów. Kropki kwantowe oferują ekscytującą perspektywę ze względu na ich potencjalną kompatybilność z istniejącymi procesami półprzewodnikowymi i ich potencjalną pracę w temperaturze pokojowej. Wyzwania polegają na precyzyjnej kontroli stanów kwantowych i integracji z większymi systemami. Fotoniczne kubity, które są szczególnie obiecujące dla komunikacji kwantowej i kryptografii, stoją przed wyzwaniem znalezienia skutecznych metod interakcji między fotonami, co jest niezbędne do wykonywania złożonych obliczeń kwantowych.

Komunikacja kwantowa i kryptografia

Komunikacja kwantowa i kryptografia kwantowa stanowią zastosowania mechaniki kwantowej, które mogą zasadniczo zmienić sposób bezpiecznego przesyłania informacji. W szczególności kwantowa dystrybucja kluczy jest obszarem, w którym poczyniono już znaczne postępy, co doprowadziło do opracowania pierwszych komercyjnych systemów. Systemy te wykorzystują fundamentalne zasady mechaniki kwantowej, aby umożliwić teoretycznie bezpieczną komunikację.

Szyfrowanie kwantowe

Opracowanie pierwszych komercyjnych kwantowych systemów dystrybucji kluczy (QKD) stanowi ważny kamień milowy na drodze do teoretycznie bezpiecznej komunikacji.

Systemy QKD wykorzystują unikalne zasady mechaniki kwantowej, w szczególności splątanie kwantowe i nieokreśloność, aby umożliwić bezpieczną transmisję kluczy szyfrowania między dwiema stronami. U podstaw tej technologii leży właściwość, że każda obserwacja lub pomiar systemu kwantowego nieuchronnie zmienia jego stan. Oznacza to, że każda próba przechwycenia informacji kwantowych wykorzystywanych do wymiany kluczy jest rozpoznawana przez partnerów komunikacji.

W przeciwieństwie do tradycyjnych metod kryptograficznych, których bezpieczeństwo opiera się na trudności obliczeniowej rozwiązania pewnych problemów matematycznych (takich jak faktoryzacja dużych liczb), bezpieczeństwo QKD opiera się na podstawowych prawach fizyki kwantowej. Zapewnia to formę bezpieczeństwa, która jest uważana za przyszłościową, ponieważ nie może zostać naruszona przez postęp technologiczny.

Pierwsze komercyjne systemy QKD oferują obiecujące zastosowania dla różnych branż, które wymagają bezpiecznych kanałów komunikacji. Należą do nich sektor finansowy, rządowe organizacje bezpieczeństwa i operatorzy infrastruktury krytycznej. Zapewniając bezpieczną dystrybucję kluczy, systemy QKD mogą pomóc chronić poufność i integralność wrażliwych informacji.

Pomimo imponującego potencjału QKD, technologia i jej wdrożenie stoją przed wyzwaniami. Obejmują one potrzebę zwiększenia zasięgu i wydajności systemów oraz obniżenia kosztów ich wdrożenia. Jednak postępy w technologii komunikacji kwantowej, w tym rozwój satelitarnych systemów QKD i integracja QKD z istniejącymi sieciami optycznymi, sugerują, że wyzwania te można w coraz większym stopniu pokonać.

Trwające badania i rozwój w dziedzinie komunikacji kwantowej obiecują dalszą poprawę możliwości i dostępności systemów QKD. Wraz z postępującą miniaturyzacją technologii i integracją z istniejącą infrastrukturą komunikacyjną, systemy QKD mogą odgrywać coraz ważniejszą rolę w zapewnianiu globalnego bezpieczeństwa komunikacji. Przyszłość komunikacji kwantowej i kryptografii wygląda zatem obiecująco, z potencjałem zapoczątkowania nowej ery bezpieczeństwa komunikacji opartej na niezmiennych zasadach mechaniki kwantowej.

Kwantowy Internet

Rozwój kwantowego Internetu stanowi jeden z najbardziej fascynujących i jednocześnie najtrudniejszych postępów w nowoczesnej technologii komunikacyjnej.

Ten ambitny cel opiera się na zasadach mechaniki kwantowej, w szczególności na opisanym już zjawisku splątania kwantowego, które stanowi podstawę rewolucyjnego sposobu przesyłania informacji.

Internet kwantowy wykorzystuje splątanie kwantowe do przesyłania informacji między dwoma punktami za pośrednictwem tak zwanych bitów kwantowych lub kubitów bez konieczności fizycznego podróżowania między tymi dwoma punktami. Nie tylko zwiększa to przepustowość transmisji informacji, ale także zwiększa bezpieczeństwo, ponieważ każda forma podsłuchu zakłóciłaby stany kwantowe, a tym samym uczyniłaby je natychmiast rozpoznawalnymi.

Realizacja takiej sieci kwantowej wymaga jednak przełomowych postępów w technologii kwantowej.

Inicjatywy badawcze na całym świecie, w tym projekty rządowe, instytucje akademickie i firmy prywatne, inwestują znaczne środki w pokonywanie wyzwań technicznych. Obejmują one rozwój repeaterów kwantowych potrzebnych do pokonywania dużych odległości, niezawodne generowanie i manipulowanie stanami splątanymi oraz integrację z istniejącą infrastrukturą telekomunikacyjną.

Kluczowym zastosowaniem kwantowego Internetu jest tworzenie sieci komunikacyjnych, które są teoretycznie zabezpieczone przed wszelkimi formami cyberataków. Korzystając z szyfrowania kwantowego, bezpośredniego zastosowania splątania kwantowego, wiadomości mogą być przesyłane w taki sposób, że mogą być odczytane tylko przez zamierzonego odbiorcę w ich oryginalnym stanie. Każda próba przechwycenia przesyłanych informacji spowodowałaby zmianę stanów kwantowych, a tym samym ujawniłaby obecność podsłuchującego.

Chociaż wizja w pełni zrealizowanego internetu kwantowego jest wciąż odległa, trwające projekty badawczo-rozwojowe oznaczają znaczące kroki w tym kierunku. Pomyślne wdrożenie takiego systemu może zasadniczo zmienić sposób, w jaki myślimy o transmisji danych i bezpieczeństwie, zapoczątkowując nową erę komunikacji opartej na fundamentalnych zasadach mechaniki kwantowej. Postępy w tej dziedzinie są obserwowane z wielkim podekscytowaniem, ponieważ mają potencjał zrewolucjonizowania krajobrazu globalnej komunikacji i bezpieczeństwa.

Internet kwantowy obiecuje przenieść technologię komunikacyjną daleko poza granice konwencjonalnej transmisji danych. Opiera się on na zasadach mechaniki kwantowej, w szczególności na splątaniu kwantowym, które umożliwia wymianę informacji między partnerami na dowolną odległość bez konieczności korzystania z konwencjonalnej ścieżki transmisji. Ta rewolucyjna koncepcja oferuje liczne zastosowania i korzyści, które mogą znacznie poprawić zarówno bezpieczeństwo, jak i wydajność transmisji danych.

Obszary zastosowania

- Kryptografia kwantowa i bezpieczna komunikacja: Prawdopodobnie najbardziej bezpośrednim i oczywistym zastosowaniem kwantowego Internetu jest kryptografia kwantowa, w szczególności protokół Quantum Key Distribution (QKD). QKD pozwala dwóm stronom na współdzielenie bezpiecznego klucza komunikacyjnego, który jest odporny na próby podsłuchu. Bezpieczeństwo opiera się na prawach mechaniki kwantowej, które mówią, że pomiar stanu kwantowego zmienia ten stan. Intruz nie może zatem pozostać niezauważony.

- Bezpieczne przetwarzanie w chmurze: W świecie, w którym usługi w chmurze stają się coraz ważniejsze, kwantowy internet mógłby znacznie poprawić bezpieczeństwo tych usług. Dane mogłyby być przechowywane i przesyłane w stanach kwantowych, chroniąc je przed włamaniami i nieautoryzowanym dostępem.

- Rozproszone kwantowe sieci obliczeniowe: Komputery kwantowe obiecują rozwiązywanie problemów, które są praktycznie nierozwiązywalne dla klasycznych komputerów. Kwantowy internet mógłby łączyć komputery kwantowe na duże odległości, zwiększając ich moc obliczeniową i wydajność dzięki rozproszonym obliczeniom.

- Ulepszone czujniki i teleskopy: Splątanie kwantowe można również wykorzystać do zwiększenia czułości czujników i teleskopów. Kwantowy internet mógłby ułatwić koordynację takich urządzeń na duże odległości, co mogłoby doprowadzić do lepszego zrozumienia wszechświata, na przykład w astronomii.

Zalety

- Nienaruszalne bezpieczeństwo: Główną zaletą kwantowego Internetu jest jego bezpieczeństwo. Transmisja informacji o stanach kwantowych i splątaniach jest zasadniczo zabezpieczona przed jakimkolwiek nieautoryzowanym dostępem, ponieważ każdy pomiar lub zakłócenie stanu byłoby natychmiast wykrywalne.

91

- Wysoka wydajność: Komunikacja kwantowa może być bardziej wydajna niż tradycyjne metody komunikacji, ponieważ jest w stanie przesyłać i przetwarzać wiele stanów jednocześnie. Może to prowadzić do znacznego wzrostu wydajności transmisji.
- Globalny zasięg: Kolejną istotną zaletą jest możliwość niemal natychmiastowego przesyłania informacji na dowolną odległość. Jest to przeciwieństwo konwencjonalnych metod komunikacji, w których prędkość transmisji jest ograniczona odległością i medium transmisyjnym.
- Rozwój badań naukowych: Internet kwantowy przyczyniłby się również do rozwoju badań naukowych, otwierając nowe możliwości dla eksperymentów w dziedzinie fizyki kwantowej i powiązanych dyscyplin. Mógłby pomóc odpowiedzieć na niektóre z fundamentalnych pytań fizyki i doprowadzić do rozwoju nowych technologii.

Ogólnie rzecz biorąc, internet kwantowy jest przełomową technologią, która może zasadniczo zmienić sposób, w jaki myślimy o komunikacji, bezpieczeństwie i przetwarzaniu danych. Podczas gdy praktyczne wdrożenie nadal stanowi pewne wyzwanie, naukowcy z całego świata już pracują nad realizacją wizji globalnego, bezpiecznego i wydajnego internetu kwantowego.

Skalowalne systemy kwantowe

Rozwój skalowalnych systemów kwantowych jest jednym z głównych obszarów badań w informatyce kwantowej. Systemy te powinny być w stanie skutecznie manipulować i kontrolować dużą liczbę kubitów w celu wykonywania złożonych obliczeń, które wykraczają daleko poza możliwości klasycznych komputerów.

Dwa kluczowe aspekty na tej drodze to postępy w korekcji błędów i architekturze systemowej komputerów kwantowych. Rozwój ten jest niezbędny do realizacji wielkoskalowych, odpornych na błędy komputerów kwantowych.

Postęp w korekcji błędów

Komputery kwantowe są podatne na błędy spowodowane dekoherencją i szumem kwantowym, który wynika z interakcji kubitów z ich otoczeniem. Ponieważ informacje są przechowywane w stanach kwantowych, nawet najmniejsze wpływy zewnętrzne mogą zakłócić te stany i zniekształcić przechowywane informacje. Postępy w korekcji błędów są zatem kluczowe, aby móc przeprowadzać niezawodne obliczenia za pomocą komputerów kwantowych.

Kwantowe kody korekcji błędów są złożone i zazwyczaj wymagają użycia wielu fizycznych kubitów, aby pojedynczy logiczny kubit był odporny na błędy. Kody te pozwalają systemowi wykrywać i korygować błędy bez pomiaru lub zakłócania samej informacji kwantowej. Opracowanie skutecznych mechanizmów korekcji błędów jest jednym z największych wyzwań na drodze do skalowalnych systemów kwantowych, ponieważ wiąże się ze znaczną liczbą dodatkowych kubitów i zwiększoną złożonością systemu.

Ulepszenia w architekturze systemu

Architektura komputera kwantowego odgrywa decydującą rolę w jego skalowalności i wydajności. W przeciwieństwie do klasycznych komputerów, których architektura jest stosunkowo ustandaryzowana, istnieje wiele podejść do komputerów kwantowych, w tym systemy oparte na nadprzewodzących kubitach, pułapkach jonowych, kubitach topologicznych i fotonach.

Każda z tych technologii ma swoje zalety i wady pod względem podatności na błędy, czasów koherencji, skalowalności i możliwości sterowania. Wybór i optymalizacja architektury systemu zależy od zastosowania, dla którego opracowywany jest komputer kwantowy. Postępy w materiałoznawstwie, nanotechnologii i technologii optycznej przyczyniają się do rozwoju architektur, które mogą niezawodnie kontrolować i łączyć większą liczbę kubitów.

Kolejnym ważnym krokiem jest integracja kodów korekcji błędów z architekturą systemu. Wymaga to ścisłej współpracy między dziedzinami sprzętu kwantowego i rozwoju algorytmów, aby zapewnić, że systemy są nie tylko duże i wydajne, ale także praktyczne w użyciu.

Perspektywy

Realizacja wielkoskalowych, odpornych na awarie komputerów kwantowych stanowiłaby kwantowy skok w przetwarzaniu informacji. Takie systemy mogłyby rozwiązywać zadania w dziedzinie materiałoznawstwa, opracowywania leków, problemów optymalizacyjnych i kryptografii w sposób nieosiągalny dla systemów klasycznych. Pomimo ogromnych wyzwań technicznych, które wciąż pozostają do pokonania, ciągły postęp w zakresie korekcji błędów i architektury systemów sprawia, że przyszła realizacja takich komputerów kwantowych staje się coraz bardziej prawdopodobna. Badania i rozwój w tych obszarach mają kluczowe znaczenie dla przesunięcia granic możliwości technologii komputerowej i pełnego wykorzystania ogromnego potencjału obliczeń kwantowych.

Algorytmy kwantowe do zastosowań praktycznych

Badania i rozwój algorytmów kwantowych, które oferują konkretne korzyści w porównaniu z klasycznymi algorytmami, to obiecująca dziedzina informatyki kwantowej. Algorytmy te mają na celu wykorzystanie unikalnych właściwości komputerów kwantowych do skuteczniejszego rozwiązywania problemów w różnych dziedzinach, takich jak materiałoznawstwo, optymalizacja i uczenie maszynowe.

Nauka o materiałach

W materiałoznawstwie algorytmy kwantowe mogą być wykorzystywane do symulacji i analizy właściwości złożonych cząsteczek i materiałów na poziomie kwantowym. Symulacje te są niezwykle intensywne obliczeniowo lub nawet niemożliwe dla klasycznych komputerów, ponieważ liczba możliwych stanów w układzie kwantowym rośnie wykładniczo wraz z liczbą cząstek. Komputery kwantowe mogą jednak wykorzystać superpozycję stanów do bezpośredniej i wydajnej symulacji takich systemów. Może to utorować drogę do odkrycia nowych materiałów, rozwoju wysokowydajnych baterii, ulepszonych ogniw słonecznych i nowych leków.

Problemy z optymalizacją

Problemy optymalizacyjne są wszechobecne w wielu dziedzinach przemysłu i nauki, od logistyki i inżynierii po finanse. Komputery kwantowe oferują możliwość szybszego znajdowania rozwiązań takich problemów poprzez jednoczesne badanie szerokiego zakresu potencjalnych rozwiązań i szybką identyfikację rozwiązań optymalnych lub zbliżonych do optymalnych dzięki interferencji kwantowej. Przykładowo, algorytmy kwantowe mogłyby pomóc zwiększyć wydajność łańcuchów dostaw, obniżyć koszty produkcji lub rozwiązać złożone problemy sieciowe.

Uczenie maszynowe

W dziedzinie uczenia maszynowego algorytmy kwantowe mogłyby pomóc w poprawie szybkości i wydajności algorytmów uczenia się. Komputery kwantowe mogłyby być wykorzystywane na przykład do rozpoznawania wzorców, optymalizacji modeli uczenia maszynowego lub przyspieszania procesów wymagających dużej ilości danych, takich jak uczenie głębokich sieci neuronowych. Dzięki możliwości jednoczesnego przetwarzania dużych ilości danych i wykonywania złożonych obliczeń, komputery kwantowe mogą zrewolucjonizować sposób, w jaki wykorzystujemy uczenie maszynowe i sztuczną inteligencję.

Rozwój tych algorytmów stoi jednak przed poważnymi wyzwaniami. Obejmują one potrzebę dostosowania algorytmów do wciąż ograniczonych możliwości i zasobów obecnych komputerów kwantowych, a także opracowania nowych ram teoretycznych i technik programowania kwantowego. Pomimo tych wyzwań, potencjał algorytmów kwantowych jest ogromny, a badania w tym obszarze są intensywnie prowadzone na całym świecie. Postępy w tej dziedzinie mogą nie tylko doprowadzić do znaczących przełomów naukowych i technologicznych, ale także umożliwić zupełnie nowe modele biznesowe i branże.

Ogólnie rzecz biorąc, możemy znajdować się u progu nowej ery technologii obliczeniowej, w której komputery kwantowe i ich dostosowane algorytmy umożliwią rozwiązywanie rzeczywistych problemów w sposób, który wcześniej był niewyobrażalny. Badania w nadchodzących latach będą miały kluczowe znaczenie dla uwolnienia pełnego potencjału tej technologii i opracowania praktycznych zastosowań dla społeczeństwa.

Demonstracja przewagi kwantowej

Demonstracja przewagi kwantowej jest kamieniem milowym w rozwoju technologii obliczeń kwantowych. Wyższość kwantowa odnosi się do punktu, w którym komputer kwantowy może rozwiązać określone zadanie szybciej lub wydajniej niż najpotężniejszy dostępny klasyczny superkomputer. Koncepcja ta jest nie tylko ważnym wskaźnikiem praktycznego postępu w technologii obliczeń kwantowych, ale także dowodem teoretycznego potencjału komputerów kwantowych do rozwiązywania problemów niedostępnych dla klasycznych komputerów.

Procesor Google Sycamore

W 2019 r. firma Google ogłosiła przełom w technologii obliczeń kwantowych dzięki 54-kubitowemu procesorowi Sycamore.

Firma Google twierdziła, że osiągnęła kwantową supremację, wykonując określone zadanie obliczeniowe w około 200 sekund, co zajęłoby najpotężniejszemu tradycyjnemu superkomputerowi na świecie, IBM Summit, około 10 000 lat. Chociaż zadanie rozwiązane przez procesor Sycamore miało jedynie znaczenie akademickie i nie miało praktycznego zastosowania, wyraźnie zademonstrowało zdolność komputerów kwantowych do wykonywania obliczeń, które są poza zasięgiem klasycznych komputerów.

Ogłoszenie Google było historycznym momentem dla społeczności komputerów kwantowych i szerszego świata nauki, ale także wywołało debatę na temat definicji i znaczenia supremacji kwantowej. Niektórzy eksperci i firmy, w tym IBM, zwrócili uwagę, że konkretne zadanie, które Google wybrało jako dowód, nie miało bezpośredniego praktycznego zastosowania, a metody szacowania czasu, jaki klasyczne komputery potrzebowałyby na wykonanie zadania, były niejasne.

Niezależnie od debat, demonstracja przewagi kwantowej Google ma znaczenie symboliczne: pokazuje, że komputery kwantowe mają potencjał, aby wyjść daleko poza granice klasycznego przetwarzania informacji. Sukces ten zwiększył zainteresowanie i inwestycje w technologię obliczeń kwantowych na całym świecie, prowadząc do przyspieszenia działań badawczo-rozwojowych zarówno w środowisku akademickim, jak i w przemyśle.

Osiągnięcie przewagi kwantowej to dopiero pierwszy krok na długiej drodze do opracowania w pełni funkcjonalnych i praktycznych komputerów kwantowych. Stojące przed nami wyzwania obejmują skalowanie systemów kwantowych, poprawę odporności na błędy i opracowanie algorytmów, które mogą rozwiązywać

rzeczywiste problemy. Pomimo tych wyzwań, wykaza-
nie przewagi kwantowej wzmocniło tę dziedzinę i pot-
wierdziło, że obliczenia kwantowe są realną i obiecującą
technologią przyszłości.

Postępy w technologii obliczeń kwantowych i rosnąca
liczba demonstracji praktycznych zastosowań wskazują,
że komputery kwantowe mogą w nadchodzących latach
odgrywać coraz ważniejszą rolę w różnych dziedzinach,
od materiałoznawstwa i farmacji po optymalizację
złożonych systemów.

Obszary zastosowań komputerów kwantowych

Nauka o materiałach

Materiałoznawstwo jest jednym z najbardziej obiecujących obszarów zastosowań obliczeń kwantowych. Dziedzina ta, zajmująca się odkrywaniem i opracowywaniem nowych materiałów, mogłaby w znacznym stopniu skorzystać z unikalnych możliwości technologii obliczeń kwantowych. Złożoność materii na poziomie atomowym i molekularnym wymaga obliczeń, które są albo niezwykle czasochłonne, albo po prostu niemożliwe dla klasycznych komputerów. To właśnie tutaj komputery kwantowe oferują decydującą przewagę.

Jednym z podstawowych problemów w nauce o materiałach jest symulacja układów kwantowych. Klasyczne komputery osiągają swoje granice, jeśli chodzi o dokładne modelowanie układów zawierających więcej niż kilkadziesiąt cząstek kwantowych (elektronów i jąder atomowych). Z drugiej strony komputery kwantowe mogą przezwyciężyć te ograniczenia, ponieważ są w stanie bezpośrednio symulować stany mechaniki kwantowej. Wykorzystując superpozycję kwantową i splątanie, komputery kwantowe mogą modelować złożone cząsteczki i materiały w sposób, który znacznie dokładniej odzwierciedla naturę.

Zdolność do precyzyjnej symulacji materiałów na poziomie kwantowym może potencjalnie zrewolucjonizować rozwój nowych materiałów. Naukowcy mogliby przewidywać właściwości materiałów bez konieczności przeprowadzania czasochłonnych i kosztownych eksperymentów fizycznych. Mogłoby to przyspieszyć odkrywanie nowych, wysokowydajnych materiałów dla elektroniki, wytwarzania i magazynowania energii, a także dla produktów farmaceutycznych. Na przykład, poszukiwanie materiałów o wysokiej przewodności dla nadprzewodników lub bardziej wydajnych ogniw słonecznych mogłoby zostać znacznie uproszczone.

Opracowywanie nowych leków

Zastosowanie komputerów kwantowych w farmacji i opracowywaniu leków jest przykładem transformacyjnego potencjału tej technologii w badaniach biomedycznych i nie tylko.

Zdolność komputerów kwantowych do symulowania interakcji między cząsteczkami na podstawowym poziomie mechaniki kwantowej otwiera zupełnie nowe horyzonty w odkrywaniu i opracowywaniu leków. Podejście to może zasadniczo zmienić tradycyjne metody, które często są czasochłonne, kosztowne i obarczone wysokim poziomem błędów.

Opracowywanie nowych leków jest obecnie długotrwałym i kosztownym procesem, który często może trwać ponad dekadę od odkrycia do wprowadzenia na rynek i może kosztować miliardy. Znaczna część tego czasu i zasobów poświęcana jest na identyfikację i optymalizację związków, które mogą skutecznie wpływać na określone struktury docelowe w organizmie człowieka. Komputery kwantowe mogłyby przyspieszyć ten proces, umożliwiając szybkie przesiewanie ogromnej liczby potencjalnych cząsteczek leków i precyzyjne obliczanie ich interakcji z celami biologicznymi. Pozwoliłoby to nie tylko skrócić czas i obniżyć koszty odkrywania leków, ale także zwiększyć wskaźnik sukcesu we wczesnych fazach ich opracowywania.

Kolejną istotną zaletą technologii obliczeń kwantowych jest możliwość bardziej szczegółowego zrozumienia dynamiki cząsteczek i złożoności systemów biologicznych. Symulując kwantowe właściwości mechaniczne cząsteczek, naukowcy mogą lepiej przewidzieć, jak lek będzie działał w organizmie, w tym jego skuteczność i potencjalne skutki uboczne. Może to ułatwić opracowywanie bezpieczniejszych i skuteczniejszych leków, pomagając na wczesnym etapie wyeliminować kandydatów o niepożądanych właściwościach.

Wysokie koszty opracowywania leków są częściowo spowodowane niskimi wskaźnikami sukcesu w fazach klinicznych. Dzięki dokładniejszemu przewidywaniu skuteczności i bezpieczeństwa kandydatów na leki, obliczenia kwantowe mogą pomóc poprawić te wskaźniki sukcesu, a tym samym zmniejszyć średni koszt i ryzyko opracowywania nowych leków. W dłuższej perspektywie mogłoby to doprowadzić do większej dywersyfikacji leków i ułatwić dostęp do nowych terapii pacjentom na całym świecie.

Potencjał komputerów kwantowych w farmacji i opracowywaniu leków jest ogromny, ale jego pełne wykorzystanie dopiero przed nami. Obecne komputery kwantowe są wciąż na wczesnym etapie rozwoju, a do wykorzystania tego potencjału potrzebne są dalsze postępy w technologii kwantowej, algorytmach i biologii molekularnej. Niemniej jednak, firmy farmaceutyczne i instytuty badawcze wykazują duże zainteresowanie technologią obliczeń kwantowych, a pierwsze sukcesy w symulacji prostych cząsteczek wskazują drogę do rewolucyjnych zmian w odkrywaniu i opracowywaniu nowych leków. Nadchodzące lata mogą przynieść decydujące przełomy, które trwale poprawią wydajność, bezpieczeństwo i opłacalność badań nad lekami.

Medycyna spersonalizowana

Medycyna spersonalizowana, dostosowana do indywidualnych czynników genetycznych, środowiskowych i stylu życia pacjenta, jest sercem rewolucyjnej zmiany w opiece zdrowotnej.

Komputery kwantowe mogą odegrać kluczową rolę w tym obszarze, rozszerzając i przyspieszając możliwości medycyny spersonalizowanej. Wyjątkowa moc komputerów kwantowych do symulowania złożonych systemów i analizowania ogromnych zbiorów danych sprawia, że są one cennym narzędziem do opracowywania i wdrażania spersonalizowanych metod leczenia i terapii.

Analiza genetyczna jest kluczowym aspektem medycyny spersonalizowanej. Komputery kwantowe mogłyby zrewolucjonizować analizę ludzkiego genomu poprzez znaczne skrócenie czasu potrzebnego na sekwencjonowanie i interpretację danych genetycznych. Umożliwiłoby to szybszą identyfikację predyspozycji genetycznych do niektórych chorób i opracowanie spersonalizowanych planów leczenia dostosowanych do indywidualnej struktury genetycznej.

Komputery kwantowe oferują potencjał do przekształcenia procesu odkrywania i opracowywania leków poprzez umożliwienie dokładnego przewidywania interakcji między lekami a indywidualnymi systemami biologicznymi pacjentów. Może to prowadzić do skuteczniejszej identyfikacji kandydatów na leki odpowiednie do leczenia określonych mutacji genetycznych. Takie spersonalizowane terapie mogłyby być bardziej skuteczne i wiązać się z mniejszą liczbą skutków ubocznych niż konwencjonalne metody leczenia.

Leczenie w medycynie spersonalizowanej opiera się nie tylko na informacjach genetycznych, ale także na różnych danych, w tym czynnikach środowiskowych, stylu życia i wcześniejszej historii medycznej. Komputery kwantowe mogłyby pomóc w analizie tych złożonych zestawów danych w celu stworzenia szczegółowych i indywidualnie dostosowanych planów leczenia. Dzięki możliwości rozpoznawania wzorców w dużych i złożonych zbiorach danych, komputery kwantowe mogłyby pomóc w poprawie skuteczności leczenia przy jednoczesnym obniżeniu kosztów.

Innym znaczącym wkładem komputerów kwantowych w medycynę spersonalizowaną może być symulacja złożonych systemów biologicznych. Poprzez dokładną symulację interakcji na poziomie molekularnym, komputery kwantowe mogłyby zapewnić naukowcom lepsze zrozumienie tego, jak choroby rozwijają się i postępują indywidualnie. Wiedza ta mogłaby doprowadzić do opracowania bardziej precyzyjnych narzędzi diagnostycznych i skuteczniejszych, spersonalizowanych terapii.

Chemia

Chemia to kolejny obiecujący obszar zastosowań komputerów kwantowych, który może przynieść fundamentalne zmiany w badaniach, rozwoju i produkcji.

Chemia kwantowa, która zajmuje się zastosowaniem mechaniki kwantowej do problemów chemicznych, oferuje bogate pole do zastosowania technologii obliczeń kwantowych. Komputery kwantowe mogą być w stanie rozwiązywać problemy niedostępne dla klasycznych komputerów, poszerzając nasze zrozumienie procesów chemicznych na poziomie molekularnym i przyspieszając rozwój nowych materiałów i substancji.

Jedną z największych obietnic komputerów kwantowych w chemii jest ich zdolność do precyzyjnego symulowania cząsteczek i ich reakcji. Klasyczne komputery osiągają już swoje granice podczas symulacji stosunkowo małych cząsteczek, ponieważ złożoność obliczeń rośnie wykładniczo wraz z rozmiarem cząsteczki. Komputery kwantowe mogą jednak reprezentować stany cząsteczek w naturalny i wydajny sposób, co prowadzi do dokładniejszego i bardziej praktycznego wglądu w ich właściwości i ścieżki reakcji.

Innym ważnym obszarem zastosowań jest badanie katalizatorów i mechanizmów reakcji. Komputery kwantowe mogą pomóc poprawić wydajność katalizatorów i odkryć nowe procesy katalityczne, umożliwiając głębsze zrozumienie ścieżek reakcji i barier energetycznych. Mogłoby to prowadzić do bardziej wydajnych i przyjaznych dla środowiska procesów produkcyjnych w przemyśle chemicznym.

Podobnie jak w przypadku opracowywania leków, komputery kwantowe mogą być również wykorzystywane w badaniach chemicznych do identyfikacji i optymalizacji potencjalnych kandydatów na leki. Zdolność do obliczania powinowactwa wiązania i stabilności kompleksów lek-cel na poziomie kwantowym może przyspieszyć odkrywanie nowych leków i terapii.

Rozwiązywanie problemów optymalizacyjnych

Komputery kwantowe oferują obiecujące perspektywy rozwiązywania złożonych problemów optymalizacyjnych, które są trudne do rozwiązania w tradycyjnych paradygmatach obliczeniowych. Ich zdolność do jednoczesnej oceny i optymalizacji dużej liczby potencjalnych rozwiązań czyni je idealnymi do zastosowań w takich obszarach jak transport i logistyka, a także dystrybucja energii. Systemy te zazwyczaj charakteryzują się wysoką złożonością i dynamiką, a poszukiwanie optymalnych rozwiązań stanowi ogromne wyzwanie obliczeniowe. Jednym z przykładów jest poniższy przykład:

Transport i logistyka

W dziedzinie transportu i logistyki komputery kwantowe mogą pomóc zwiększyć wydajność łańcuchów dostaw, zmniejszyć zatory komunikacyjne i zoptymalizować sieci transportowe. Optymalizacja takich sieci wymaga uwzględnienia ogromnej liczby zmiennych, w tym planowania tras, alokacji pojazdów, zarządzania zapasami i wymagań klientów. Komputery kwantowe mogłyby być w stanie analizować te zmienne jednocześnie i znajdować optymalne lub niemal optymalne rozwiązania w czasie zbliżonym do rzeczywistego. Mogłoby to prowadzić do znacznych oszczędności kosztów, lepszej obsługi klienta i zmniejszenia wpływu na środowisko.

Konkretnym przykładem może być optymalizacja tras dla pojazdów dostawczych w celu zminimalizowania liczby przejechanych kilometrów przy jednoczesnym zapewnieniu, że wszystkie dostawy zostaną zrealizowane na czas. Skracając całkowity czas podróży i zużycie paliwa, można nie tylko obniżyć koszty operacyjne, ale także zmniejszyć emisję CO_2.

Dystrybucja energii

W dystrybucji energii operatorzy sieci stają przed wyzwaniem równoważenia podaży i popytu w czasie rzeczywistym, przy jednoczesnym zapewnieniu niezawodności sieci. Wraz z rosnącym udziałem odnawialnych źródeł energii, które często są niestabilne i rozproszone geograficznie, zadanie to staje się jeszcze bardziej złożone. Komputery kwantowe mogłyby wnieść tu decydujący wkład, rozwiązując złożone problemy optymalizacyjne związane z dystrybucją zasobów energetycznych.

Jednym z przypadków użycia może być optymalizacja przepływu energii w inteligentnej sieci w celu zmaksymalizowania wydajności i zminimalizowania strat energii. Biorąc pod uwagę czynniki takie jak wytwarzanie energii z różnych źródeł, prognozy zużycia, opcje magazynowania i warunki pogodowe, komputery kwantowe mogłyby pomóc zoptymalizować dystrybucję energii i poprawić wykorzystanie systemów magazynowania oraz integrację odnawialnych źródeł energii.

Kryptografia i bezpieczeństwo

Komputery kwantowe i ich wpływ na kryptografię i bezpieczeństwo są obosieczne. Z jednej strony oferują możliwość opracowania niezwykle bezpiecznych metod komunikacji poprzez szyfrowanie kwantowe. Z drugiej strony, stanowią one poważne zagrożenie dla bezpieczeństwa istniejących metod szyfrowania. Dynamika ta ma kluczowe znaczenie dla zrozumienia przyszłego krajobrazu bezpieczeństwa informacji.

Szyfrowanie kwantowe

Szyfrowanie kwantowe, a konkretnie Quantum Key Distribution (QKD), to zaawansowane podejście do bezpiecznej komunikacji, które wykorzystuje zasady mechaniki kwantowej. QKD umożliwia dwóm stronom wygenerowanie i wymianę bezpiecznego klucza bez przechwycenia go przez stronę trzecią bez wykrycia. Bezpieczeństwo QKD opiera się na zasadzie mechaniki kwantowej, zgodnie z którą pomiar stanu kwantowego nieuchronnie zmienia ten stan. Podsłuchujący próbujący przechwycić klucz zmieniłby zatem informację kwantową, a tym samym ujawnił jej obecność. Systemy QKD są już w fazie rozwoju i oferują potencjalnie niemożliwą do złamania metodę szyfrowania, która nadaje się do zastosowań o krytycznym znaczeniu dla bezpieczeństwa, takich jak komunikacja rządowa, komunikacja wojskowa i przesyłanie poufnych informacji w sektorze finansowym.

Zagrożenia dla istniejących metod szyfrowania

Zdolność komputerów kwantowych do rozwiązywania niektórych problemów matematycznych wykładniczo szybciej niż komputery klasyczne stanowi poważne zagrożenie dla bezpieczeństwa wielu obecnie stosowanych standardów szyfrowania. W szczególności kryptosystemy asymetryczne, takie jak RSA i ECC (Elliptic Curve Cryptography), które opierają się na trudności problemów, takich jak faktoryzacja dużych liczb lub dyskretny logarytm na krzywych eliptycznych, mogą zostać skutecznie złamane przez komputery kwantowe. Algorytm Shor, algorytm kwantowy, który może rozwiązywać tego typu problemy w czasie wielomianowym, pokazuje potencjalną skalę zagrożenia. Oznacza to, że informacje, które dziś są uważane za bezpiecznie zaszyfrowane, mogą zostać odszyfrowane w przyszłości dzięki rozwojowi potężnych komputerów kwantowych.

Potencjalne zagrożenie stwarzane przez komputery kwantowe doprowadziło do rozwoju kryptografii post-kwantowej (PQC), dziedziny badań zajmującej się opracowywaniem metod szyfrowania, które są bezpieczne nawet w erze obliczeń kwantowych. Metody PQC opierają się na problemach matematycznych, które są również uważane za trudne dla komputerów kwantowych. Badania i standaryzacja algorytmów PQC są obecnie intensywnie prowadzone w celu umożliwienia płynnego przejścia do bezpieczniejszych metod

szyfrowania, zanim potężne komputery kwantowe
staną się powszechnie dostępne.

Finanse

Komputery kwantowe oferują obiecujące zastosowania
w finansach, szczególnie w obszarach analizy ryzyka i
optymalizacji portfela. Technologia ta ma potencjał, aby
zasadniczo zmienić sposób, w jaki instytucje finansowe
wykonują złożone obliczenia i podejmują decyzje, umożliwiając obliczenia z szybkością i złożonością, których
nie można osiągnąć za pomocą konwencjonalnych komputerów.

Analiza ryzyka

Analiza ryzyka jest kluczowym elementem zarządzania
finansami, którego celem jest ocena zakresu i prawdopodobieństwa strat finansowych. We współczesnych finansach złożone modele i symulacje, takie jak symulacje
Monte Carlo, są wykorzystywane do analizy rozkładu
możliwych przyszłych wyników w oparciu o różne pa-
rametry wejściowe. Komputery kwantowe mogą
znacznie przyspieszyć te symulacje, wykorzystując
możliwość jednoczesnego śledzenia dużej liczby ścieżek
obliczeniowych. Może to umożliwić instytucjom finansowym przeprowadzanie dokładniejszych ocen ryzyka
w krótszym czasie, co może być nieocenione, zwłaszcza
przy ocenie ryzyka kontrahenta, ryzyka rynkowego i
ryzyka kredytowego.

Optymalizacja portfela

Optymalizacja portfela to proces wyboru najlepszej kombinacji aktywów w celu minimalizacji ryzyka i/lub maksymalizacji oczekiwanego zwrotu, biorąc pod uwagę różne ograniczenia (takie jak budżet, tolerancja ryzyka, horyzont inwestycyjny). Problem ten może stać się matematycznie bardzo złożony, zwłaszcza gdy w grę wchodzi duża liczba aktywów o złożonych relacjach i niepewności co do ich oczekiwanych zwrotów i ryzyka. Komputery kwantowe mają potencjał, aby rozwiązywać te problemy optymalizacyjne bardziej efektywnie, wykorzystując algorytmy, które są w stanie przeszukiwać ogromny krajobraz rozwiązań znacznie szybciej niż byłoby to możliwe przy użyciu klasycznych metod optymalizacji. Może to prowadzić do lepszych, bogatszych w informacje strategii inwestycyjnych, które zwiększają zyski i minimalizują ryzyko dla inwestorów.

Zastosowanie obliczeń kwantowych w finansach jest wciąż w powijakach i istnieją zarówno techniczne, jak i praktyczne wyzwania do pokonania. Obejmują one rozwój i skalowanie sprzętu kwantowego, dostosowywanie i tworzenie konkretnych algorytmów do zastosowań finansowych oraz kwestie integralności i bezpieczeństwa danych. Niemniej jednak, wiele instytucji finansowych i firm technologicznych pracuje już nad projektami badawczymi i programami pilotażowymi w celu zbadania potencjału obliczeń kwantowych w tym obszarze.

Przyszłość komputerów kwantowych n

Rozwój technologii obliczeń kwantowych wpływa na wiele aspektów nauki, technologii, przemysłu oraz norm społecznych i etycznych. Dynamika ta znajduje odzwierciedlenie w postępach teoretycznych i technicznych, wpływie na naukę i technologię, komercjalizacji i zastosowaniach przemysłowych, rozważaniach społecznych i etycznych, wyzwaniach i rozwiązaniach. W tym miejscu dokonamy jedynie krótkiego podsumowania tych rozważań.

Rozwój topologii kubitów

Topologiczne kubity są uważane za obiecujący sposób realizacji stabilnych komputerów kwantowych. Są one oparte na topologicznych stanach materii, które są naturalnie odporne na wiele rodzajów perturbacji. Ich rozwój mógłby zmniejszyć potrzebę rozległej kwantowej korekcji błędów, a jednocześnie wydłużyć czasy koherencji kubitów, co jest niezbędnym warunkiem wstępnym dla praktycznych komputerów kwantowych.

Postępy w kwantowej korekcji błędów

Kwantowa korekcja błędów ma kluczowe znaczenie dla realizacji niezawodnych obliczeń kwantowych. Obecne postępy mają na celu opracowanie wydajnych kodów i protokołów, które mogą uwzględniać i korygować podatność systemów kwantowych na błędy bez niszczenia informacji kwantowych. Wysiłki te mają kluczowe znaczenie dla budowy skalowalnych i praktycznych komputerów kwantowych.

Rewolucja w przetwarzaniu danych

Komputery kwantowe obiecują zrewolucjonizować przetwarzanie danych dzięki ich zdolności do rozwiązywania problemów wykładniczo szybciej niż klasyczne komputery. Może to mieć transformacyjny wpływ, szczególnie w rozwiązywaniu problemów wymagających ogromnej mocy obliczeniowej, takich jak kryptografia, materiałoznawstwo i problemy optymalizacyjne.

Nowe obszary badań dzięki symulacjom kwantowym

Symulacje kwantowe umożliwiają badanie zjawisk, których nie można symulować za pomocą konwencjonalnych komputerów. Otwiera to nowe obszary badań w fizyce, chemii i biologii oraz zapewnia wgląd w złożone systemy, które mogą poszerzyć nasze zrozumienie podstawowych praw natury i prowadzić do rozwoju nowych technologii.

Komercjalizacja i zastosowania przemysłowe

Trwająca komercjalizacja kwantowych technologii obliczeniowych poprzez rozwój usług i platform opartych na chmurze jest nieuniknionym trendem, który zmienia krajobraz wykorzystania obliczeń kwantowych. Platformy te umożliwiają firmom i organizacjom badawczym wykonywanie obliczeń kwantowych bez konieczności samodzielnego inwestowania w kosztowną i złożoną infrastrukturę obliczeń kwantowych. Znacznie rozszerza to dostęp do komputerów kwantowych i ułatwia integrację technologii kwantowych z istniejącymi systemami IT.

Udostępnienie obliczeń kwantowych za pośrednictwem chmury demokratyzuje dostęp do tej zaawansowanej technologii, umożliwiając małym i średnim przedsiębiorstwom oraz naukowcom na całym świecie pracę w czołówce badań i zastosowań kwantowych. Rozwój ten nie tylko obniża bariery wejścia do korzystania z obliczeń kwantowych, ale także promuje szerszą akceptację i zastosowanie technologii kwantowych w różnych branżach i dziedzinach badań.

Oparte na chmurze usługi obliczeń kwantowych zapewniają elastyczne i skalowalne środowisko do wykonywania obliczeń kwantowych, co jest szczególnie ważne w przypadku aplikacji wymagających zmiennej mocy obliczeniowej. Użytkownicy mogą efektywnie skalować swoje projekty, korzystając z zalet kosztowych i mniejszej złożoności zapewnianej przez chmurę. Ponadto usługi te przyspieszają badania i rozwój w dziedzinach, które mogą korzystać z technologii obliczeń kwantowych, takich jak materiałoznawstwo, badania farmaceutyczne i złożone problemy optymalizacyjne.

Integracja kwantowych technologii obliczeniowych z istniejącą infrastrukturą IT stanowi jednak wyzwanie. Platformy chmurowe wypełniają tę lukę, zapewniając interfejsy i narzędzia programistyczne, które ułatwiają wdrażanie algorytmów kwantowych w tradycyjnych środowiskach obliczeniowych. Narzędzia te mają kluczowe znaczenie dla płynnego przejścia od klasycznych do kwantowych zasobów obliczeniowych i pozwalają programistom korzystać z obliczeń kwantowych bez konieczności bycia ekspertami w tej dziedzinie.

Pomimo obiecujących korzyści, komercjalizacja i powszechne zastosowanie komputerów kwantowych napotyka kilka wyzwań, w tym złożoność algorytmów kwantowych, obawy dotyczące bezpieczeństwa i ograniczenia techniczne obecnych komputerów kwantowych. Opracowanie i zrozumienie algorytmów kwantowych wymaga specjalistycznej wiedzy, która jest obecnie ograniczona. Ponadto, potencjalne zagrożenie stwarzane przez komputery kwantowe dla istniejących standardów szyfrowania wymaga rewizji strategii bezpieczeństwa.

Pomimo tych wyzwań, ciągłe postępy w badaniach i rozwoju oraz współpraca między środowiskiem akademickim a przemysłem przyczyniają się do pokonywania tych barier. Rosnąca dostępność kwantowych zasobów obliczeniowych oraz dalszy rozwój technologii i algorytmów sugerują, że komputery kwantowe będą odgrywać ważną rolę w wielu obszarach zastosowań w najbliższej przyszłości, czyniąc je integralną częścią globalnej infrastruktury IT.

Współpraca między nauką a przemysłem

Rosnąca współpraca między instytucjami akademickimi i przemysłem odgrywa kluczową rolę w promowaniu rozwoju i stosowania technologii kwantowych. Współpraca ta jest kluczowym czynnikiem w wypełnianiu luki między badaniami teoretycznymi a praktycznymi zastosowaniami i ma wpływ na przyspieszenie komercjalizacji kwantowych technologii obliczeniowych.

Łącząc wiedzę, zasoby i interesy, partnerstwa te umożliwiają bardziej efektywny transfer wiedzy i technologii z laboratorium na rynek. Nie tylko ułatwiają przemysłowi dostęp do najnowszych odkryć naukowych i innowacji, ale także oferują badaczom akademickim możliwość zrozumienia praktycznych zastosowań i wyzwań związanych z ich pracą.

Synergia ta jest szczególnie ważna w dziedzinie tak złożonej i specjalistycznej jak obliczenia kwantowe, gdzie cykle rozwoju technologii są szybkie, a zapotrzebowanie na wiedzę specjalistyczną i infrastrukturę wysokie. Firmy korzystają z zaawansowanych badań i talentów na uniwersytetach, podczas gdy świat akademicki zyskuje cenny wgląd w rzeczywiste przypadki użycia i dodatkowe źródła finansowania dzięki partnerstwom branżowym.

Współpraca obejmuje zarówno wspólne projekty badawcze i opracowywanie prototypów, jak i programy edukacyjne mające na celu szkolenie nowego pokolenia naukowców i inżynierów do pracy w technologii kwantowej. Ponadto partnerstwa te odgrywają ważną rolę w formułowaniu standardów i protokołów dla technologii kwantowych, co jest niezbędne do stworzenia interoperacyjnego i bezpiecznego ekosystemu kwantowego.

Ostatecznie taka współpraca pomaga kształtować komercyjny krajobraz technologii kwantowych poprzez napędzanie innowacji, rozszerzanie obszarów zastosowań i pomoc w tworzeniu rynku, który wspiera komercyjne wykorzystanie obliczeń kwantowych. Ta dynamiczna interakcja między środowiskiem akademickim a przemysłem ma kluczowe znaczenie dla uwolnienia pełnego potencjału technologii kwantowych i urzeczywistnienia ich transformacyjnego wpływu na różne branże.

Ochrona i bezpieczeństwo danych

Wraz z pojawieniem się komputerów kwantowych, bezpieczeństwo systemów cyfrowych i ochrona wrażliwych danych staje przed bezprecedensowym wyzwaniem. Te potężne maszyny mają potencjał do złamania metod szyfrowania, które obecnie zabezpieczają większość naszej komunikacji cyfrowej i przechowywania danych. Stwarza to pilną potrzebę ponownej oceny i dostosowania strategii ochrony i bezpieczeństwa danych. W tym kontekście rozwój kryptografii post-kwantowej okazuje się kluczowy. Ta nowa generacja kryptografii ma na celu stworzenie algorytmów, które mogą zapewnić poufność i integralność informacji cyfrowych nawet w erze potężnych komputerów kwantowych.

Kryptografia postkwantowa stanowi proaktywne podejście do nadchodzących wyzwań związanych z bezpieczeństwem poprzez wykorzystanie problemów matematycznych, które są uważane za trudne do rozwiązania nawet dla komputerów kwantowych. Praca nad takimi systemami kryptograficznymi jest złożona i wymaga głębokiego zrozumienia zarówno technologii obliczeń kwantowych, jak i informatyki teoretycznej. Ich pomyślne wdrożenie zapewni nie tylko ochronę komunikacji rządowej i finansowej, ale także bezpieczeństwo codziennych interakcji cyfrowych miliardów użytkowników na całym świecie.

Przejście na kryptografię post-kwantową stanowi ogromny wspólny wysiłek naukowców, firm technologicznych i organów regulacyjnych w celu opracowania i wdrożenia standardów, które zabezpieczą postęp cyfrowy przy jednoczesnym zwiększeniu poziomu ochrony danych. Opracowanie i wdrożenie tych nowych systemów kryptograficznych zajmie trochę czasu, więc niezwykle ważne jest, aby te wysiłki były energicznie kontynuowane już teraz. Może to zapewnić, że świat cyfrowy jest przygotowany na nadejście technologii obliczeń kwantowych oraz że bezpieczeństwo i poufność informacji zostaną utrzymane w tej nowej erze.

Edukacja i rynek pracy

Szybki rozwój technologii kwantowej będzie miał głęboki wpływ na rynek pracy, stawiając nowe wymagania w zakresie umiejętności i kwalifikacji siły roboczej. W tym dynamicznym środowisku znaczenie edukacji i szkoleń w zakresie obliczeń kwantowych i powiązanych dyscyplin staje się coraz bardziej oczywiste. Aby być przygotowanym na nadchodzące zmiany, konieczne jest, aby instytucje edukacyjne i programy szkoleniowe dostosowywały się i rozwijały, aby sprostać przyszłemu zapotrzebowaniu na wykwalifikowanych specjalistów.

Promowanie takiej edukacji nie zaczyna się tylko od specjalistycznych programów uniwersyteckich, ale wymaga również integracji podstawowej wiedzy na temat technologii kwantowych na wcześniejszych poziomach edukacji. Tworzy to solidne podstawy i stymuluje zainteresowanie tymi obiecującymi dziedzinami. Co więcej, ustawiczne kształcenie osób już zatrudnionych ma kluczowe znaczenie dla umożliwienia obecnej sile roboczej rozwoju i przekwalifikowania się w tej szybko rozwijającej się dziedzinie.

Wpływ technologii kwantowych na rynek pracy stanowi zarówno wyzwanie, jak i szansę. Z jednej strony zmiana ta wymaga proaktywnego dostosowania systemów edukacji oraz opracowania nowych programów nauczania i programów szkoleniowych. Z drugiej strony, otwiera to możliwość pojawienia się nowych obszarów zawodowych i ścieżek kariery, które mogą potencjalnie zmienić nasz sposób myślenia o pracy i innowacjach technologicznych.

Ścisła współpraca między instytucjami edukacyjnymi, przemysłem i agencjami rządowymi będzie miała kluczowe znaczenie dla zapewnienia, że ludność jest przygotowana na erę kwantową. Dzięki ukierunkowanym inwestycjom w edukację i szkolenia możemy stworzyć siłę roboczą, która będzie nie tylko przygotowana na zmiany technologiczne, ale także aktywnie zaangażowana w ich kształtowanie. W ten sposób przejście na technologię kwantową może być postrzegane nie tylko jako wyzwanie techniczne, ale także jako szansa na rozwój i innowacje.

Pokonywanie barier technicznych

Realizacja potężnych komputerów kwantowych stawia naukę i technologię przed poważnymi wyzwaniami, które można pokonać jedynie poprzez ciągłe badania i rozwój. Jedną z głównych przeszkód jest podatność systemów kwantowych na błędy. Bity kwantowe, czyli qubity, są niezwykle wrażliwe na wpływy zewnętrzne, co może prowadzić do błędów w obliczeniach kwantowych. Opracowanie skutecznych mechanizmów korekcji błędów ma zatem kluczowe znaczenie dla zapewnienia niezawodności i dokładności obliczeń kwantowych.

Oprócz korekcji błędów, skalowanie komputerów kwantowych stanowi barierę techniczną. Zdolność do zarządzania i efektywnego łączenia większej liczby kubitów ma kluczowe znaczenie dla zwiększenia mocy obliczeniowej komputerów kwantowych. Wymaga to innowacyjnego podejścia do fizycznego projektowania komputerów kwantowych, a także rozwoju technologii, które umożliwiają stabilne i spójne splątanie kwantowe w większych systemach.

Kolejnym krytycznym aspektem jest integracja systemu, tj. włączenie komputerów kwantowych do istniejącej infrastruktury IT. Płynna integracja wymaga nie tylko opracowania kompatybilnych interfejsów i protokołów, ale także dostosowania istniejącego oprogramowania i sieci w celu pełnego wykorzystania unikalnych możliwości i wymagań obliczeń kwantowych.

Pokonanie tych wyzwań technicznych wymaga multidyscyplinarnych wysiłków, które łączą wiedzę z zakresu fizyki, informatyki, materiałoznawstwa i inżynierii. Instytucje badawcze, uniwersytety i przemysł muszą ściśle współpracować, aby rozwijać badania podstawowe i opracowywać praktyczne rozwiązania w zakresie projektowania i obsługi komputerów kwantowych.

Pomimo złożoności i trudności związanych z rozwojem komputerów kwantowych, potencjalne korzyści stanowią silną zachętę do sprostania tym wyzwaniom. Poprzez ciągłe doskonalenie technologii i metod, stopniowo zbliżamy się do celu, jakim jest stworzenie potężnych komputerów kwantowych, które mogą na nowo zdefiniować granice obliczeń i umożliwić postęp w wielu dziedzinach nauki i przemysłu.

Opracowanie standardów i protokołów

Szerokie zastosowanie technologii kwantowych w różnych dziedzinach przemysłu i nauki wymaga opracowania jednolitych standardów i protokołów. Standardy te mają kluczowe znaczenie dla zapewnienia płynnej kompatybilności między technologiami kwantowymi a istniejącymi systemami cyfrowymi, zminimalizowania zagrożeń bezpieczeństwa i zapewnienia wysokiej niezawodności technologii w szerokim zakresie zastosowań.

Stworzenie takich standardów wymaga skoordynowanego wysiłku, który wykracza poza poszczególne grupy badawcze i firmy i angażuje globalną społeczność naukowców, inżynierów, ekspertów branżowych i organów regulacyjnych. Współpraca ta jest niezbędna do opracowania wspólnego języka i wspólnych praktyk, które będą stanowić podstawę interoperacyjności technologii kwantowych.

Rozwój standardów obejmuje nie tylko aspekty techniczne, takie jak definicja interfejsów, formatów danych i protokołów komunikacyjnych, ale także wytyczne dotyczące bezpieczeństwa, które zapewniają ochronę danych w sieciach kwantowych i podczas korzystania z kwantowych usług obliczeniowych. Biorąc pod uwagę potencjalną zdolność komputerów kwantowych do naruszenia istniejących metod szyfrowania, wprowadzenie standardów kryptografii post-kwantowej jest krytyczną częścią tych rozważań dotyczących bezpieczeństwa.

Niezawodność to kolejny kluczowy element, którego dotyczą normy. W przypadku wykorzystania technologii kwantowych w krytycznych zastosowaniach, takich jak medycyna, finanse czy logistyka, istotne jest, aby systemy zapewniały przewidywalną wydajność i były odporne na błędy. Normy dotyczące korekcji błędów i diagnostyki systemu mają zatem ogromne znaczenie.

Rozwój i wdrażanie standardów w technologii kwantowej jest oczywiście wciąż w powijakach, podobnie jak sama technologia, ale ich znaczenie będzie rosło w miarę dojrzewania tych technologii. Zharmonizowane standardy nie tylko napędzą rozwój technologiczny i komercyjne wykorzystanie technologii kwantowych, ale także pomogą zwiększyć zaufanie użytkowników do tej nowej technologii.

Promowanie edukacji i rozwoju wykwalifikowanej siły roboczej

Inwestycje w edukację i rozwój umiejętności mają fundamentalne znaczenie dla budowania solidnego ekosystemu, który napędza badania, rozwój i komercyjne zastosowanie technologii kwantowych. Taki ekosystem pozwoli w pełni wykorzystać ogromny potencjał oferowany przez technologie kwantowe, zapewniając jednocześnie, że całe społeczeństwo będzie mogło czerpać korzyści z związanych z nimi postępów.

Stworzenie solidnych podstaw edukacyjnych w zakresie fizyki kwantowej, informatyki kwantowej i powiązanych dyscyplin jest pierwszym krokiem w kształceniu nowego pokolenia naukowców, inżynierów i techników, którzy są zaznajomieni ze złożonymi wyzwaniami i możliwościami tych technologii. Wymaga to rewizji programów nauczania na różnych poziomach edukacji, aby zapewnić podstawową wiedzę na temat technologii kwantowych oraz stymulować zainteresowanie i zrozumienie w tej dziedzinie.

Ponadto specjalistyczne programy szkoleniowe i certyfikaty dla specjalistów już zatrudnionych mają kluczowe znaczenie dla poprawy istniejących umiejętności i dostosowania ich do specyficznych wymagań technologii kwantowej. Takie programy pomagają wypełnić lukę między tradycyjnymi technologiami a nowymi technologiami kwantowymi i umożliwiają profesjonalistom ciągły rozwój i dotrzymywanie kroku szybkim postępom w tej dziedzinie.

Oprócz specjalistycznego szkolenia, ważne jest promowanie umiejętności interdyscyplinarnych, ponieważ zastosowanie technologii kwantowych często wymaga współpracy ponad granicami dyscyplin. Znajomość informatyki, matematyki, materiałoznawstwa i innych istotnych dziedzin jest niezbędna do skutecznego rozwiązywania złożonych problemów związanych z rozwojem i wdrażaniem technologii kwantowych.

Inwestycje w edukację i rozwój umiejętności mają również kluczowe znaczenie dla promowania komercyjnego wykorzystania technologii kwantowych. Dobrze wykształcona pula talentów jest warunkiem wstępnym tworzenia i rozwoju start-upów i firm, które opracowują, stosują i komercjalizują technologie kwantowe. To z kolei pomaga tworzyć miejsca pracy, wzmacniać gospodarkę i zapewniać przywództwo technologiczne w tej szybko rozwijającej się dziedzinie.

Ostatecznie inwestycje w edukację i rozwój umiejętności to nie tylko inwestycje w indywidualny rozwój kariery, ale także w przyszłość społeczną i gospodarczą. Silny e-kosystem wspierający badania, rozwój i zastosowanie technologii kwantowych jest niezbędny do realizacji wielu korzyści, jakie oferują te technologie i utrzymania konkurencyjności na poziomie globalnym.

Wnioski

Ogólnie rzecz biorąc, technologia obliczeń kwantowych znajduje się u progu głębokich zmian w wielu obszarach. Pomyślne pokonanie wyzwań technicznych i społecznych będzie miało kluczowe znaczenie dla wykorzystania pełnego potencjału tej technologii i osiągnięcia pozytywnych skutków dla nauki, technologii, gospodarki i społeczeństwa.

Przewidywanie konkretnej daty przełomu w obliczeniach kwantowych pozostaje wyzwaniem, ponieważ zależy od wielu szybko zmieniających się czynników technologicznych, naukowych i finansowych. Chociaż w ostatnich latach nastąpił znaczny postęp w technologii obliczeń kwantowych, decydujący przełom, który sprawiłby, że komputery kwantowe stałyby się lepsze w szerokim zakresie zastosowań, jeszcze się nie zmaterializował.

Rozwój i doskonalenie kubitów, które są podstawowymi jednostkami komputerów kwantowych, a także postępy w kwantowej korekcji błędów, to główne wyzwania techniczne, które wciąż wymagają przezwyciężenia. Rozwiązanie tych problemów ma kluczowe znaczenie dla stworzenia praktycznych komputerów kwantowych zdolnych do wykonywania złożonych obliczeń, które wykraczają daleko poza możliwości dzisiejszych klasycznych komputerów.

Badania nad obliczeniami kwantowymi korzystają z rosnących inwestycji zarówno z sektora publicznego, jak i prywatnego, co przyspiesza rozwój tej technologii. To wsparcie finansowe podkreśla wiarę w potencjał obliczeń kwantowych w zakresie wprowadzania zmian transformacyjnych w różnych dziedzinach, takich jak materiałoznawstwo, farmaceutyka i złożone problemy optymalizacyjne.

Chociaż niektóre firmy ogłosiły już osiągnięcie tak zwanej przewagi kwantowej w określonych zadaniach, ogólne zastosowanie komputerów kwantowych, które przewyższają klasyczne komputery we wszystkich obszarach, jest wciąż odległe. Eksperci są ostrożnie optymistyczni, że znaczące przełomy w obliczeniach kwantowych są możliwe w ciągu następnej dekady w wyspecjalizowanych zastosowaniach, ale kompleksowy przełom, który sprawi, że obliczenia kwantowe będą miały ogólne zastosowanie, może jeszcze potrwać dwie dekady lub dłużej.

Dynamika postępu w dziedzinie obliczeń kwantowych jest jednak trudna do przewidzenia, a nieoczekiwane przełomy naukowe mogą przyspieszyć harmonogram rozwoju. Ciągłe badania i rozwój w tym obszarze mają kluczowe znaczenie dla przezwyciężenia istniejących wyzwań i wykorzystania pełnego potencjału technologii kwantowej.

Przyszłość obliczeń kwantowych pozostaje zatem ekscytującą dziedziną, której oś czasu jest elastyczna i dostosowuje się do nowych odkryć i postępów technologicznych, ale która wymyka się konkretnym przewidywaniom.